人人学茶

广告人说茶中江湖
国潮、IP、跨界联名与产品赋能

黄大 著

旅游教育出版社
·北京·

图书在版编目（CIP）数据

广告人说茶中江湖：国潮、IP、跨界联名与产品赋能 / 黄大著. —— 北京：旅游教育出版社，2023.1
（人人学茶）
ISBN 978-7-5637-4412-1

Ⅰ.①广… Ⅱ.①黄… Ⅲ.①茶叶-产业发展-研究-中国 Ⅳ.①F326.12

中国版本图书馆CIP数据核字（2022）第104116号

人人学茶
广告人说茶中江湖：国潮、IP、跨界联名与产品赋能
黄　大◎著

策　　划	赖春梅
责任编辑	贾东丽
出版单位	旅游教育出版社
地　　址	北京市朝阳区定福庄南里1号
邮　　编	100024
发行电话	（010）65778403　65728372　65767462（传真）
本社网址	www.tepcb.com
E-mail	tepfx@163.com
印刷单位	天津雅泽印刷有限公司
经销单位	新华书店
开　　本	710毫米×1000毫米　1/16
印　　张	9.75
字　　数	104千字
版　　次	2023年1月第1版
印　　次	2023年1月第1次印刷
定　　价	52.00元

（图书如有装订差错请与发行部联系）

目 录
CONTENTS

序言
黄大，从茶江湖到茶品牌的升级努力 / 001

年轻茶人如何走出老茶人的"舒适区"？ / 003

手艺人黄大 / 006

传统茶行业转型升级的观察与思考 / 008

期待这本书的理念和全新认知，可以激活茶产品的年轻属性 / 011

第一章　国潮当道
——老字号化身弄潮儿，借势营销品牌焕新

国潮兴起溯源 / 016

"Z世代"，国潮的主要消费群体 / 019

什么是国潮 / 022

国风、中国风、古风、新国货 / 025

品牌借势国潮营销 / 035

茶 × 国潮 / 038

第二章　IP时代
——品牌拥有人格化灵魂，赋予产品情感心生共鸣

IP是什么 / 051

中国IP热的成因 / 053

IP化营销 / 056

茶行业如何通过 IP 化，引流变现，为产业赋能 / 061

马连道品牌定位及 IP 化 / 067

IP 案例赏析——戈壁天堂：天堂之下，再造天堂 / 070

第三章　跨界联名
——破界出圈实现 1+1>2，品牌组合新 CP 引流变现

何为跨界 / 079

何为联名 / 081

跨界联名溯源 / 082

跨界联名营销 / 084

茶行业如何跨界联名引流变现 / 094

第四章　场景消费
——功能 + 场景 + 体验，消费空间的人、货、场重构

场景消费 / 105

场景营销 / 108

消费体验 / 110

茶空间与场景消费体验 / 112

第五章　新零售
——线上线下有效融合，传统零售行业转型新商业模式

新零售与概念诞生及行业布局 / 133

是什么催生了新零售 / 136

新零售商业格局、发展规模与消费体验 / 138

传统茶行业如何向新零售商业模式转型 / 141

序言
PREFACE

黄大，从茶江湖到茶品牌的升级努力

一个奇诡的现实挑战：中国茶叶消费的大市场，却难以拥有品牌。这是为什么？

十多年前，当我们一起流连在各个咖啡馆、茶馆和当红餐厅进行广告行业各种聚会的时候，黄大一定是最积极热心参与的那位；十多年过去，我们忙于升级各自的能力和赛道，黄大也在默默地思索、动作：茶江湖如何拥有品牌？

这是一个最难推动的江湖：中国茶叶精品林立、"茶无第一"、产品鱼龙混杂、意识的山头遍布、无数区域特点各有千秋，互相不服，但就是缺少品牌。缺少品牌的主要原因，在于过度依赖江湖传说、认知不足、集团化战斗少、投入有限等，每一个障碍都难以逾越。

其中最重要的是两个障碍：认知和品牌投资障碍。品牌的产生，在于以产品为先，智慧地投入故事和传奇，树立超级市场口碑。而在茶叶这条赛道，品牌认知是一个超级障碍（可以解读为：销售多种茶叶的平台——茶叶店没有足够的动力为单一品牌茶叶投入品牌升级的意愿和资金），投入则是建立在充分认知的前提下进行的投资。但是，因为这条赛道的品牌投入过少，因而品牌高手很少对这条赛道投入足够的认知普及（即培训和品牌实践），品牌寥寥，也就是现实的投射。

黄大的工作，就是提升认知的重要过程。

第二个超级障碍，是规模化后的品牌投资障碍。中国茶市场，2021年内销总额为3120亿元（来自中国茶叶流通协会的统计），是一个超级市场，品牌的投入按照国际惯例，应该在10%左右，理论上有312亿元，但在我们对媒介的实际投资观察中，就会知道这个数字远远没有达到。只有先行者如小罐茶，2018年销售额超过20亿，通过认知升级和投资的规模效应，获得了相当大众化的品牌认知。茶品牌更多的生存现状，是地域化、口碑化、小众化，以上三个特征的结果是，缺乏品牌投资稳定的大预算，无论是内容、活动，还是媒介，都得不到投资——品牌无法产生在营养贫瘠的土壤上。

这个提升，需要行业领先者来进行带领，如"小罐茶效应"。

茶品牌的国潮的表达是什么样的？和消费者的沟通重点在哪里？IP化如何发展？跨界联名如何实现？茶品牌的场景营销如何谋划？新零售对茶品牌意味着什么？

以上问题的答案，就在本书中。近十年，黄大深入北京马连道上百家茶店，甚至潜伏进茶叶生产地，与上百位茶馆老板访谈，对茶叶消费者购买出发点进行洞察，黄大以这些近十年的调查研究，以大无畏精神，以穷尽可能性的研究精神，给出了相当精彩的结论。

个人判断，黄大对茶品牌如何形成的研究，既会使他自己的茶杯获益，也必将成为帮助茶行业成就茶品牌的宝贵资产。

更多茶品牌的诞生，在未来数（十）年间必将成为事实，越早实现者获益越多越好，感谢黄大们的先行一步，感谢行业从业者的亲身参与，让这个过程尽可能缩短。加速缩短从认知到投资的距离，茶品牌的春天一定会到来。

劳博
——广告门创始人CEO

年轻茶人如何走出老茶人的"舒适区"?

2021年的12月,我接到一条来自云南的信息。一个年轻的女茶人,接手了家里的茶产业。她家祖辈有茶山和古树,有自己的茶名称,也有一直非常稳定的买茶大户,每年轻轻松松的收入颇丰,丰衣足食。

但是,当她接手这门祖辈的馈赠之后,逐步开始上手经营的时候,忽然发现了一些现象。比如之前她认识的朋友,没有茶山,也没有自己的产品和故事,只是有到处收来的等级很一般的普洱茶,但自己注册了一个品牌,做了一些常规品牌运作的事,居然一年下来也很轻松地拥有不菲的收益,并且这个品牌的茶越来越值钱。

她的父辈们并没有这样的观察和意识,他们就是正统的茶农,遵循茶的一切时令,按部就班,生活平稳而安定,毫不忧心生意,从不考虑品牌。而当新一代年轻茶人开始接班的时候,就会有这样的思考和认识。

这是一个好事情,年轻茶人终于开始思考品牌,开始琢磨互联网,以及开始认真地寻求未来的品牌和生意的关系了。

我有一个客户,是全国金针菇生产标准的制定者,其工厂金针菇全球生产量第一。他是福鼎人,生活在著名的福鼎白茶产地。在他已经是金针菇行业标准的制定者之后,他的老乡和好朋友,白茶头部品牌的创始人告诫他:不要再建工厂了,你现在要建立你的品牌。

因为工厂很重要，但是现在品牌更重要。

我有一个朋友，她是武夷山人，自然岩茶就是家传。老爷子一手好手艺，再加上正岩的茶园，大客户定期采购，每年的生活非常滋润。而岩茶每一年价格都水涨船高，行情看好。

如果按照传统的做法，她接班之后，只要延续家里的资源和岩茶品质优势，或者按照武夷山很多岩茶品牌一样的发展路径，打造产区和工艺的核心优势，自然也会有品牌，自然也会有增益。

但是新一代的年轻茶人，却开始思考如何使品牌从品类中胜出。她将自己的岩茶品牌店开在了福建著名的三坊七巷，并且运用老字号品牌的打造方式，让自己的茶店成为三坊七巷里面关于茶类别的有名景观。她邀请了著名的空间设计师设计空间，打造了一个与常规岩茶迥异的新品牌，并且使销量与声望并存。

年轻茶人只要有勇气，就能走出和父辈完全不同的品牌发展之路。

我接触过另外一个岩茶品牌，出自很有名的爷孙父子几代人都在做茶的世家。但是新一代的年轻茶人，接手家族生意之后，居然另立门户，让旧有品牌照常运作，自己又创办了一个特色非常鲜明而有趣的新品牌。

短短的三四年之内，新品牌居然就声名远扬，并且销量开始直追他家的老品牌，而且这个品牌毫无陈旧之感，非常的新锐，价值量也非常高。

小罐茶开启了很多茶人的品牌认知，但是真正推动中国茶品牌发生翻天覆地的认知变化的，我相信一定是因为这一代年轻茶人开始走上舞台，崭露头角，开始发出自己的声音，开始坚定走自己的品牌之路。

我的朋友黄大，是一位资深的广告从业者，更是一个非常资深的茶人，他自诩为茶客黄大。他爱喝茶，更爱品茶，但他更会从专业的角度，十几年如一日地观察茶行业的发展和变化，并且不断记录和思考，形成自己的总结，以此来助力中国这个上千年的茶行业，用更年轻的方式迎来和互联网以及 Z 世代的全新对话。

就像我举的这些年轻茶人的例子一样，我们有幸看到中国年轻茶人试图在品牌上发力，试图在互联网布局上和时代接轨，试图用更年轻的方式打造流行的茶产品，更试图用自身对于茶的理解构建品牌体系，这一切，都需要找到他山之石，才可以攻玉。

黄大在他的这本新书中，将国潮、IP、跨界联名以及场景营销，甚至是新零售这些目前在中国新消费领域大行其道的品牌打造方式毫无保留地展现在了每一位中国年轻茶人的面前，为这些年轻人指出了每一条道路的可能性，在当下的知识经济时代，可谓字字珠玑。

"千万中国茶企不如一个立顿"的时代过去了，"好酒不怕巷子深"的时代也过去了，所有的认知在新时代面前都会过去，这个时候，谁率先拿起手机，为品牌种草，运用明星直播带货，借助 KOL 和 KOC 为自己品牌发力，谁就可能赢在了新的起跑线上。

从 2020 年开始，在中国著名的茶品牌汇聚地福州，原来数千家私房茶店全部改头换面，换成了品牌的专营店，这些线下老板的思维最为敏锐，他们知道中国茶的品牌时代来临了。

希望黄大的这本书能开启中国的年轻茶人民智，这就功德无量。

晃总
——北京一起传播创始人/《给创意新人的 100 个基本》作者

手艺人黄大

黄大是长我几岁的兄长，但我俩几乎是同时入行做广告的，做了十几年广告后，又几乎是同时离开广告圈去另觅出路。也许是我俩的性格使然，也许是人到中年之后心态会相对平和理性一点，我们没有换到那些商业快车道去挥斥方遒，而是遵从自己的内心喜好，认清自己的短板，选择自己喜欢且可以长续经营的事；他一头扎进茶叶堆里，而我则选择和各地的手艺人打成一片。

离开广告圈之后我和黄大仍有很多来往和交集，我也慢慢发现我们各自进入的领域有很多的共性（其实制茶本来就属于传统手艺，我在这里把两者分开，一方面是为了叙述的方便，一方面是因为黄大的身份并不是制茶人），比如饮茶和传统手艺在中国都有着上千年甚至数千年的文化沉淀，比如茶和传统手艺都曾形成过非常有号召力的"老字号"，但是到了新时代的语境下，老字号能否像一棵老茶树一样吐出新芽？

今天的大众关注的重心已不再是老字号，而是品牌，从品牌又迭代到IP。传播的对象变了，手法变了，工具变了，途径变了，节奏也变了，老字号老手艺还能做到与时俱进吗？我曾看到一个信息，说茶在中国有这么悠久的历史，到今天依然有数量如此庞大的喝茶人，但是主打茶包茶粉的国外品牌立顿，却能在中国一年卖出20亿杯茶。很显然，茶叶在很多人眼中还是一个品类的时候，立顿早已把它变成了一个品牌。

幸好很多做广告、传播的朋友转身进入了茶叶领域，黄大就是其中之一，就像郑和下西洋带回来苏木、胡椒和长颈鹿一样，黄大他们把在广告圈积累的专业经验和嗅觉带入茶叶这个领域中，把IP的思维、意识、方法，以及对其他领域的成功案例进行消化分析后，将它们一并带入这个领域，并深入思考IP与IP之间相互借力、跨界联动的可能性。

黄大是个有心人，也是个静得下心来的人，这里面有茶的功劳；反过来，也是他这样的一种品质，让他可以沉下心来完成这本书的所有内容。这种心境与我这几年采访的很多手艺人的心境并无二致，所以渐渐地，黄大也成了我心目中的一个手艺人。

而这本书，就是他以文字为原材料，精雕细琢出的一件手艺作品。

罗易成
——"中国守艺人"IP发起人／中国商务广告协会非遗推动委员会秘书长／《中国守艺人一百零八匠》《求同存艺——两岸手艺人的匠心对话》作者

传统茶行业转型升级的观察与思考

《广告人说茶中江湖：国潮、IP、跨界联名与产品赋能》这本书研究的问题，正是千千万万中国茶行业老板日思夜想的问题，作者黄大老师给出了一系列很有价值的观察与思考。

国潮兴起，传统文化复兴，华流就是顶流，这一趋势正在被我们每一个人见证和感受。学者们关注社会思潮变化过程中自身所研究领域的变迁规律，而商人们则努力在变化之中寻找自己能够抓住的机会。所以仁者见仁、智者见智，相信黄大老师的这本书对于学界和业界都大有裨益。

不知道大家是否能记起十多年前，当时的人们都在普遍地批判中国大众消费产品的审美水平，人们用"山寨""炫酷""亮瞎眼"这类词汇来嘲讽与自嘲。十多年前互联网上的人们受到了苹果iPhone的影响，萌生了朴素的审美准则，开始疯狂地学习日本的禅意、侘寂，开启了一段中国民众审美从繁入简的进程。

谁又能想到，在移动互联网和信息大数据的加速度作用下，中国人居然在如此之短的时间里就完成了全面的审美变革，扔掉了日本审美和欧洲审美的拐杖，从我们传统文化的根上找到了我们审美精神的母体，走出了属于中国的传统复兴之路。

"却顾所来径，苍苍横翠微"，这段路走得如此的精彩，令身处产业前沿的我深感振奋，感到此生仍可大有作为。

眼耳鼻舌身意，国潮兴起现阶段集中地体现在视觉层面，于茶行业而言就是主要表现在产品的包装层面。从小罐茶到竹叶青，再到一众不为人知的小品牌，都把茶叶包装的视觉表达推到了一个新的境界。我相信变革正在快速地深入我们能感知的所有层面。

面对社会的快速变革，茶馆行业的整体反应是滞后的，这是由我们所要满足的社会需求和要服务的人群所决定的。我们不属于时代的弄潮儿，所以我们离聚光灯很远。也正因为不是时代的弄潮儿，没有大起大落的机会，也就没有大起大落的风险。我们其实是比较心安理得地接受着社会的热闹，也享受着自我的恬静。

茶馆行业是茶行业的一个分支，但也不完全是茶行业的一个子集，它同时与餐饮行业、酒店行业也有交叉重叠的部分。准确地说，茶馆行业是服务业与零售业的结合，这个二元属性也在决定着茶馆的未来。一方面，是服务业相对的稳定，因为服务所要满足的社会需求是几乎没有什么变化的，我们始终是为人们的社交需求在提供物理空间和接待服务。另一方面，是互联网所带来的零售业翻天覆地的变化，从传统零售到新零售，实体门店的经营者不得不接受原有的市场格局和销售方式已经不会再有的现实。

黄大老师的这本书，就在这一维度上给我们提供了宝贵一课：

茶馆这样的传统行业，如何抓住传统文化复兴的浪潮，又不至于丢失了自我？

茶馆能不能拥有自己的品牌IP，能不能做出更有温度的人格化形象，以适应人人自媒体的时代？

茶馆如何运用自身物理空间的优势，把场景营销做出推陈出新的效应？

归根结底，这一切的概念、方法和工具，是不是真正指引茶馆完成了实体新零售的转型？

这些问题，在书上有一部分解答，而更多的解答，需要我们在实践中持久地探索。

  黄大老师的经历也是这本书一个有趣的注脚，他一只脚踩在瞬息万变的广告行业，另一只脚踩在传统至上的茶叶行业。经营两个以上行业的人不少，但是同时在两个领域都有名气和成绩的人不多，奔着他的这份才气和努力，这本书也值得我们好好读。

李卓澄

——中国茶馆办公室行业专家 / 小茶馆连锁创始人 /

华饮（北京）科技股份有限公司董事长

期待这本书的理念和全新认知，可以激活茶产品的年轻属性

问："你这一生买过的最大的国潮IP周边产品是什么？"

答："海尔冰箱。"

这或许是大部分80后一听就懂的段子。当年穿着裤衩带着我们走遍世界、探索未知的卡通人物，其代表的品牌，如今已经成长为全球最大的头部级家电企业。

我依稀还记得20世纪90年代的电视里，我们疯狂地追寻着海尔兄弟、甄妮、克鲁德、智慧老人。时光如梭，2022年，我10周岁的女儿在疯狂迷恋哈利波特、精灵宝可梦、皮卡丘和小马宝莉。这不禁让我深入思考国潮IP和企业赋能之间的关系。

这几年，从快消品类的喜茶、瑞幸咖啡，到文化产品的热血国漫，甚至到国产科幻电视剧《开端》，几乎所有行业都开始着重推崇"国潮流行化，内容IP化，产业跨界化，场景营销化"。

试想，这些产业、产品、品牌的成功，将会激励众多传统企业和传统文化与时俱进，收获Z世代的年轻消费族群。

黄大，是我的老同事老朋友，我认为他是商业营销领域里最懂茶文化和茶圈特点的人，亦是茶圈里最了解IP属性、国潮流行和跨界融合的专家。

对黄大的这本新书，我充满期待，也许这本书呈现的理念、案

例和全新认知，将会盘活发展达几千年之久的中国茶、茶产业，激活茶叶产品的年轻属性，甚至为所有以茶为生的企业开拓出全新的增长机会。

陈乐

——北京戈壁天堂文化创意传媒有限公司创始人

第一章　国潮当道

——老字号化身弄潮儿，借势营销品牌焕新

手持华为，身着李宁，脚穿回力，再集齐新时代"炫富四件套"：老干妈手链、乌江榨菜项链、五粮液耳坠和茶叶蛋戒指，你就是这条街上最靓的仔；买国货、用国货、晒国货，再来一壶中国茶，这就是国潮青年的style（格调）和生活日常写照。

仅1分钟，1000多双李宁纽约时装周"悟道"主题秀款球鞋，在天猫刚一上架就被抢光；在"天猫中国日"期间，CLOT（凝结）全店销售激涨近700%，CHENPENG（陈鹏）单价2000多元的卫衣被疯抢……

2018年初，"天猫国潮行动"携手李宁、CLOT、独立设计师品牌CHENPENG等品牌，登上纽约时装周中国品牌日，获得了国际媒体高达15亿次的曝光量，成功地在国际上树起了新东方美学的旗帜。

同年秋天，"天猫国潮行动"又携手老干妈、颐和园、云南白药等品牌，组成更强大的国货阵容，在纽约再次赚足了市场眼球。除此之外，大白兔唇膏、六神鸡尾酒、旺仔潮服等国潮联名款，也都取得了不俗的销量。2018年，在天猫"双11"活动中，成交破亿元的237个品牌中，国货占比超过了50%，其中不乏像五芳斋这样的传统老字号。

在这一年里，"国潮"二字像是一块点金石，谁用谁火爆，于是，2018年被称为"国潮元年"；2019年国潮更是持续高涨，即使在新冠肺炎疫情突发的2020年，国潮势头依然奔涌不息。

"国潮"，成为新兴消费趋势与前沿文化潮流，同时，也将中国民族品牌的影响力推向更广阔的世界。借助国潮，国货通过文化而实现产品的创新升级，也迎来了新一轮发展机遇。带有中国文化元素的时尚产品，也成为新生代消费者彰显自我、打造个人属性的一种标签。

据尼尔森发布的《2019年第二季度中国消费趋势指数报告》，68%的中国消费者偏好国产品牌，即使有62%的消费者会购买国外品牌，但国产品牌仍是首选，并且61%的消费者认为性价比是购买国货的重要决策因素，一、二线城市消费者有更高的国货购买意愿。"百度国潮季"联合人民网研究院在2019年9月发布的《国潮骄傲大数据》显示，自2009年至2019年，中国品牌的关注度从38%提升至70%；

在 2021 年《国潮骄傲搜索大数据》中，国潮在过去十年关注度上涨 528%，中国品牌搜索热度占品牌总热度的比例，近五年间从 45% 提升至 75%，2021 年国货品牌关注度为国外品牌关注度的 3 倍。

而据返利网发布的数据，"国潮"关键词搜索量，2018 年同比增长 156.44%，2019 年 1~7 月同比增长 392.66%，李宁、安踏、回力、飞跃等国产潮鞋品牌整体下单量同比增长超过 351%，90 后、95 后和 00 后为国潮产品贡献了超过 57.73% 的购买力，其中，95 后的消费在销售额中占比超过四分之一，达 25.8%，95 后成为国潮第一大消费群体。

除李宁外，北京故宫博物院可以说是国潮开启者最典型的代表，被视为第一代国潮的最大 IP，其以创新形象推出的各种文创产品，化皇宫的古董为时代新宠，以新鲜感和高颜值吸引年轻一代受众的同时，也对传统文化进行了传播。

国潮兴起溯源

国潮兴起、国潮元年的到来并非偶然。其中国力发展，经济实力支撑，传统文化回归，人们对文化有更多的认同感，以及市场广大的消费需求，产业推动等综合因素，孕育了国潮生长的肥沃土壤，激发了国潮的迅速风行。

易观分析认为，国潮盛行是由政治环境、经济环境、社会环境和技术环境四方面因素共同作用而产生的必然结果，概括来说包括：国际外力加速了我们民族文化自信的提升；国家政策为经济增长提供了源源不断的动力转化，经济环境形成新格局；社会环境助力民族自信大幅提升。90后成为主力消费人群；高清技术、人工智能等技术环境带来全新消费体验趋势。

近几年来，我国出台了一系列扶持文化产业融合发展的政策，奠定了国潮成长勃发的根基与强劲的原动力。

2016年，国务院办公厅发布《关于发挥品牌引领作用推动供需结构升级的意见》，国家质量监督检验检疫总局发布《质量品牌提升"十三五"规划》，从立法、政策、宣传等方面，为民族品牌建设，带动经济发展，加强扶持力度。

2016年12月，国务院在发布的《"十三五"国家战略性新兴产业发展规划》中指出，数字技术与文化创意、设计服务深度融合，数字创意产业逐渐成为促进优质产品和服务有效供给的智力密集型产业，创意经济作为一种新的发展模式正在兴起。

2017年，国务院将5月10日设立为"中国品牌日"。

2017年文化部发布的《文化部"十三五"时期文化产业发展规划》提出,提升文化内容原创能力,推动文化产业产品、技术、业态、模式、管理创新,推动文化产业与"大众创业、万众创新"紧密结合,充分激发全社会文化创造活力。

2018年中共中央办公厅、国务院办公厅印发《关于实施中华优秀传统文化传承发展工程的意见》,提出:要以文化创意、科技创新为引领,提升文化内容原创能力,推动文化产业发展,激发全社会文化创造活力;到2025年,具有中国特色、中国风格、中国气派的文化产品更加丰富,文化自觉和文化自信显著增强,国家文化软实力的根基更为坚实,中华文化的国际影响力明显提升。

国家政策春风扬帆保驾护航,使国潮应运而生并掀起了时代热潮。

国潮,为国货老字号借助传统文化品牌升级、重塑新人设迎来了契机。诸多老字号开始与当下潮流品牌跨界合作,从品牌精神到产品、包装全方位进行探索,融入传统文化元素,同时也为自身赢来更多丰富性和可能性,赋予传统国货全新形象。越来越多的品牌开始利用国潮思维,去寻找探索未来发展方向,借势国潮焕发新的活力。老旧、过时的国货品牌,一跃成为潮流新宠,登上国际舞台。

在国潮大势之下,传统文化借助国潮转型赋能为文化IP,开启了新的商业模式。品牌随着时代潮流迭代,商业化带来品牌收益,品牌收益则用于将更好的资源拿来保护创新与传承文化,从而进一步开发更多的商业价值,由此形成一个螺旋上升的良性循环。

同时,国潮也为传统文化与创意设计打造了全新内容。传统文化中的民族文化、地域文化和时代文化,为国潮提供了丰富的特色资源。国潮将传统文化与现代潮流完美融合,满足了人们期待更多富含文化底蕴、生活理念、美学价值的产品的需求。

如故宫文创,做得风生水起,产品专卖店、快闪店,各种故宫文化创意产品,在文创流量的变现上爆品不断,像"千里江山"系列40

余款文创产品,"贺岁迎祥"的岁朝、门神、福禄寿等近百种产品,至2018年底,故宫研发的文创产品达27个系列12 000多种,年营业额在2017年就已达15亿元,故宫的雪、故宫的猫、故宫口红、故宫上元之夜,让越来越多的人了解并爱上了故宫文创。如今,故宫已不仅仅是一座博物馆,还是个600岁的超级网红,国内无可争议的大IP。紧随时代的步伐,故宫将优秀传统文化与时代审美相结合,俨然成为国潮的开拓引领者。

国家倡导文化自信,非常重视对传统文化的挖掘和弘扬,国潮也为中国传统文化找到了一种全新的表达和展现方式。通过传承与创新,将传统文化基因和当下潮流结合,打造的《中国诗词大会》《国家宝藏》《上新了故宫》《朗读者》等文化类综艺节目,挖掘文化符号及其内涵与价值,让观众感受到了传统文化的博大精深,同时又汇集知识性、趣味性、互动性,备受好评和追捧,在屏幕上掀起了一股又一股热潮。据统计,在电视台和视频网站播出的文化类综艺节目,在2018年总数量已达70档。

国潮的出现,更满足了年轻人的消费需求。紧随国潮,诸多国产品牌如百雀羚、大白兔、六神等,迎合年轻消费者需求不断创新,品牌价值也很好地契合了年轻人的生活态度,使他们获得物质与精神的双重满足。国潮产品,既涵盖了硬性的时尚潮流,同时也包含了一种软性的崇尚国货的情绪。同时,国潮热的背后,更是年轻人对中国文化的认同和民族自信,也是这个时代给予国人的红利,因为国潮打开了一个更广阔更具美好前景的市场空间。

从2018年开启,在2019年、2020年持续发展,国潮,从起初的以年轻潮流文化为内核,到如今涉足东方美学与文化传承、唤起中国制造的民族自豪感,既涵盖了硬核时尚潮流,也包含了崇尚国货的软性情绪,既是新兴消费趋势,又是文化创新前沿,如今国潮概念的内涵越来越多元,外延也在不断延伸、扩展。

"Z世代"，国潮的主要消费群体

　　90后、95后新年轻一代群体，是这一波国潮的粉丝。互联网带来社交环境的改变，90后、95后年轻一代消费者的上位，促使品牌走向年轻化、时尚化。因此，如何与消费者沟通，迎合潮流，推陈出新，并占领当下年轻一代消费群体的心智，以获得新的利润空间，成了品牌的一个大命题。国潮产品满足了年轻群体的消费需求，同时国货品牌价值，也很好地契合了年轻一代的生活态度。

　　2018年尼尔森发布的《2018年第四季度中国消费趋势指数报告》数据中，90后消费意愿为63点，80后为60点、70后为54点、60后为54点，90后成为互联网时代的消费主力军，在网民中占比达28%，消费者群体正逐渐年轻化。

　　由大学生参与评选，在中国校园市场最具权威性的，由中国校园市场联盟、微博校园等联合主办的"金塔奖"，其2018年度"大学生喜爱的品牌"评选结果显示，在大学生喜爱的品牌中，国产品牌占了九成。

　　阿里研究院《2020中国消费品牌发展报告》显示，线上中国品牌市场占有率高达72%，购买中国品牌尤其是国潮商品的消费者主要来自高线城市（一二线城市），其中女性居多，90后、95后消费者比例明显高于其他群体。

　　CBNData（第一财经商业数据中心）发布的《2020 Z世代消费态度洞察报告》显示，目前我国Z世代人群约2.6亿人，其开支达4万亿人民币，约占全国家庭总开销的13%。Z世代为电竞、二次元、模玩手办、国风的主力消费群体，其中他们对Cosplay（角色扮演）销售额的贡献占近四成，使古风服饰连续两年增长超300%。国潮跨界是年轻群体喜欢的新玩法，在95后喜欢的跨界联名品类中，60%以上为服装、运动鞋。Z世代通过国潮风的穿搭展现自己的个性与态度，在他们的消费偏好度TOP10品牌中，国货产品占到了七成。

百度《国潮骄傲搜索大数据》的中国品牌"粉丝"榜显示，10年间，20~29岁年轻消费群体，对中国品牌的关注度增长最高。2021版大数据中，对国潮相关内容的关注者中，90后引领风骚，占到了48.6%，成为国潮的中坚力量；00后占比25.8%，是创造国潮的未来的潜力股；80后以16.9%占比成为国潮的"推手"，他们在关注国货的同时，更想创立自己的品牌。

那么，分析这些数据的背后，究竟是什么原因，让年轻人更愿意购买国货品牌？

当代年轻消费群体成长的阶段，正值国货品牌崛起的时代，"中国制造"逐步向"中国质造"迭代，年轻消费者对不断创新的国货品牌的好感度和信任度也不断提升。因此，国潮将传统文化与时下潮流相融合，既符合年轻一代对时尚的认知，又能够吸引他们对中国文化的关注，实现对文化价值的认可，同时还能引发年轻群体的情感共鸣，成为他们心灵希冀之所在。

国潮品牌高颜值的产品外观和包装设计，在这个重视颜值经济的时代，更加吸引年轻人的目光，诸如新茶饮的头部品牌喜茶，故宫文创的联名款，李子柒店里的传统美食，给人一种美哒哒及炫酷的感受与体验，在当下"看脸"的时代，成功转化为年轻人的一种个性标签及社交介质。

年轻消费群体喜欢新事物，追求个性化体验，并且敢于进行尝试，当童年记忆中的国货品牌，以焕然一新的形象，散发着时尚潮流的气息，再次进入消费市场，必然会引发年轻人眼前一亮，欣然前往出手选购。

因此，国货品牌与时尚元素相结合，满足了年轻消费群体追随潮流的个性、颜值、趣味等元素的消费心理，同时国潮产品所体现的创意设计，让年轻消费者心甘情愿地为其叫好买单。

什么是国潮

对于国潮的定义,清华大学文化创意发展研究院的《国潮研究报告》认为:国潮是中国潮流+中国风潮。基本上以2018年为分水岭。在2018年国潮元年之前,国潮大多指代狭义上的特定品牌,即由中国本土设计师创立的潮流品牌,是具有鲜明特色的小众文化代表。进入国潮元年后,国潮泛指广义上的某种消费概念,即国货群体和带有中国特色产品的走红。

易观分析发布的《国潮品牌发展洞察报告》认为,狭义的国潮概念是一种短期热点消费现象,即部分企业将中国传统文化融合现代潮流元素,赋予产品全新的审美与定义,通过多元化的营销手段建立品牌抑或IP,进而引发的消费潮流现象。而广义的国潮概念则是指,"中国红"品牌借助民族自信不断提升品质、工艺创新、原创设计等,实现品牌力不断升级所引发的"中国产品、中国文化、中国设计"等长期消费趋势,是中国崛起的必然。

国潮,是一种文化与经济现象。从文化现象视角,国潮包括三个层面的要素和含义,一是结合中国传统文化特色,二是融合时下潮流,三是将二者通过再创意设计,品牌表达自己的主题和态度。从经济现象层面,国潮含有三个重要的支撑元素,即民族文化、国货品牌与广大的青年消费群体。

更具体来阐释,国潮,是中国特色及民族优秀传统文化的基因与当下思潮、潮流、格调完美融合,衍生出的一系列文化现象、消费观念。国潮是传统与现代的碰撞,在文化领域与消费领域竞相呈现,开枝散叶。在消费领域，国潮被发扬得更全面。这也是国潮的主阵地所在。品牌以产品为载体，寻找产品与中国传统文化的关联，将时尚元素通过视觉表达与产品相结合，通过所做出的消费创新，吸睛、流量变现。

如果追踪溯源，国潮兴起，先后经历了两个发展阶段。

第一阶段，约在2000—2017年，最初，是一些由中国本土设计师及明星创立的品牌，以独特、自我的个性融入时尚元素的设计，呈现出一种小众化的服饰文化与生活方式，在一些小圈子中流行，及被一小部分年轻人所追捧，尚未进入大众消费流行视野。

这其中比较知名的有一些是明星潮牌，例如周杰伦创立的MRJ，李晨和潘玮柏的NPC（New Project Center），余文乐的潮牌MADNESS（疯狂），潘世亨和他人联创的CLOT（凝结）等，开启了中国潮流市场全新篇章。但这个阶段的CLOT、NPC等品牌的文化理念，还不能被称为真正意义上的"国潮"。

2000年时，成立73年的回力公司经历了破产重组，2014年开始触及电商并迅速扭亏为盈，现如今已成为国货品牌代表之一。

2017年，国务院设立每年5月10日为"中国品牌日"，2019年线上中国品牌市场占有率已达到72%。

2017年是国内的"嘻哈元年"，各种嘻哈和街舞节目的走红，使潮文化开始更进一步预热大众市场消费，让很多商家关注到了这一非常有潜在商业价值的新空间，吸引了一些中国老字号、国货大牌，如李宁与GAI联名推出"GAI适无双"系列，借助这个市场风口，以融入独特文化元素的产品进入大众市场，加上网红和明星们为之带货，让人们感受到了国潮魅力所在，这为之前的"潮"文化，增加了更多的"国"的含金量。

在2017年还有一件影响深远的品牌传播事件，那就是百雀羚发布了一张全长427厘米的海报，以一位1931年女性的视角，讲述了百雀羚品牌与时代变迁的故事，其在品牌价值宣传方面所产生的轰动效果，让百雀羚的国货情节深入年轻一代的心灵。

第二阶段,即从2018年开启至今,中国本土品牌李宁,携悟道系列登上纽约时装周秋冬秀场,掀起一番"国潮",自此,"国潮"风行全国。

百度《2021国潮骄傲搜索大数据》认为,国潮经历了三个时代:1.0时代,国潮萌芽阶段,包括服装、鞋帽、食品、日用品的一众老字号开始回春,搜索关键词也集中于前述类别;2.0时代,在手机、汽车等高科技产品消费领域,国货通过品质升级、品牌化运营,打造出更高品质的商品,搜索关键词除汽车、手机外,还有智能家电等;到了如今的3.0时代,国潮体现的不仅仅是实物与消费,更是中国品牌、中国文化对于生活的全新引领,及我们向世界输出的来自中国的潮流与文化,是国人对于文化、经济、科技的全面自信,热搜关键词也变为文创、IP、国漫、大国科技等。

国风、中国风、古风、新国货

关于国潮，各行各界各机构对其有着不同层面不同视角的阐释、解读与定义，就像《国潮研究报告》中所认为的，"国"的指向即为中国，是文化的复兴，而对于"潮"的解读却是千差万别。因此探讨分析国潮，必须要提到几个相类似且又彼此紧密关联的概念，即国风、中国风、古风、新国货等，对它们进行对比分析，才能对国潮的产生、概念内容的理解更加全面、深入和立体。

国风

所谓国风，在这里特指中国之风范、风格、风行、风潮，拥有内在的强大的文化精神理念与外在的丰富的表现形式与方式，既代表着一种传承，同时也与时俱进；背后既包含着历史的底蕴，又与现代的价值观、审美观相结合，为国人尤其是青年人所喜爱、所崇尚。

国风，是在传统文化的基础上，通过荟萃、提炼、创新，与现代流行趋势、时代特色相结合，是一种基于传统文化再创作的现代风格，所形成及代表的社会文化、艺术形式、生活方式，具有普世性、年轻化和强消费性特征。

近年来随着国内经济文化的发展，以及国人对传统文化的复兴，国风广泛应用于影视、综艺、音乐、游戏、动漫等行业及文化消费领域。国画、书法、京剧、古琴曲、诗词歌赋、汉服、陶瓷、茶等，都是国风取材创作的源泉。国风作品，对于推动中华优秀传统文化的创新发展，具有非常重要的现实意义与价值。

国风文化成为现代年轻人的一种新鲜的生活方式，甚至是自我的表达。在他们看来，国风不再是老旧土气的象征，国风是一种代表品位和可以做自我标签的时尚潮流，例如国风服饰、国风综艺、国风音乐等，他们已然成为国风文化的追捧和推动者。

据统计，B站上，2019年国风爱好者达8347万人，其中24岁以下的占比83%；2020年第一季度，国风视频投稿数同比增长124%，国风"UP主"人数同比增长110%，其中，"古风""传统文化""民乐""中国舞"类的视频投稿增长更为显著。

"国风是根植于中华民族发展历史中的意识形态与传承理念，对于普罗大众来说这更像是只可远观的阳春白雪，而国潮的出现拉近了大众与中华传统文化的距离，将历史沉淀凝结和转化成为具体的品牌、产品"，对于"国风"与"国潮"的不同之处，北京国际设计周组委会办公室副主任曾辉表达了这样的观点。

中国风

一切彰显中国特色、突出民族风格，具有中国文化符号辨识度，体现东方审美特质和情感表达，并适应全球流行趋势的艺术作品、生活方式、商业行为、社会活动等，都可以纳入中国风的范畴。

相对于国风的对内推崇，中国风具有对外及世界性的传播与影响力，引领国际风尚，表现中国文化、艺术的软实力，引发国人民族自豪感。"中国风"，对标于"韩流""日系""英伦风"。

在纽约时装周上，李宁用一场中国风的秀场，惊艳了世界，在国内，这成为国潮的标志性事件。

中国风歌曲，流行兴起于方文山、周杰伦相关的词曲创作，如《东风破》《双节棍》《青花瓷》等，与其他歌手的同类歌曲一起，汇聚成了华语流行乐坛的一股强劲中国风歌曲潮流。

在国内影视界，一些著名导演，如张艺谋、陈凯歌在电影作品中展示的中国风，让中国传统文化、民族风情走出国门登上世界影坛；同时，国际上如好莱坞电影中，也有越来越多带有中国元素的影片上映，显示了中国风对于市场票房的强大号召力，如《巨齿鲨》、《摘金奇缘》、迪士尼的《花木兰》等。

很多国际大牌，也纷纷让带有中国元素设计的服饰箱包登上秀场，中国风成为时尚吸睛热点，像Prada（普拉达）的中国风元素，Gucci（古驰）的新创意总监Alessandro Michele所推出的一系列相关主题作品，Armani Prive（阿玛尼高级定制）的"竹韵"系列，以及Dior（迪奥）、Burberry（博柏利）、Bvlgari（宝格丽）等节庆限定款等。

古风

古风，现在更多的是指，因"崇古""复古"之风向，而形成的一种崇尚传统艺术形式与生活方式的文化现象。其形成和发展至今约有近二十年时间，在年轻群体中比较盛行。

古风是在传统文化基调上，糅合了现代流行元素而再造的一种新生文化，是向古典的回归，是对古代传统的效仿。古风文化发端于民间，兴起于网络平台，它的核心是古风音乐与汉服，以及所延伸至的网络游戏、漫画、影视、综艺等为现代人青睐的呈现形式。

青少年群体崇尚古风文化，并不意味想要真正复古，他们更多重在展示个性和审美偏好，古风既满足了青少年人群的认同感，同时也体现他们对生活仪式感的需求。对他们来说，古风音乐、汉服，天生就是一种自我表达，可以彰显不同个性。

这批喜欢小众文化的年轻人，逐渐有了经济购买力，也开始掌握话语权，随之，与年轻一代一起迅猛发展的互联网，自然成为他们推崇古风表达个性的平台，经过糅合创新的具有流行元素的古风艺术作品，通过互联网不断传播放大，在受到更多青少年喜爱的同时，也带来了更广大的社会反响。因而近几年来，古风文化逐渐火热，进入更大众化的视野，成为一种备受关注的文化现象，也吸引了更多人群的追捧。

在2020年第二季度《华语数字音乐行业季度报告》提供的数据中，音乐榜非流行类上榜新歌，古风依然延续前几季度领先态势，在上榜歌曲中占比接近60%，成为最受欢迎的曲风之一。

一些知名人士给予汉服很高的评价：淘宝上好几家汉服店销售额过亿元，购买者几乎都是年轻人；中国有300万汉服爱好者，他们的平均年龄只有18~24岁，一个女孩子拿着工资买一件汉服，表达了自己是一个中国人的情感，年轻人认可的是中国文化符号。

关于"古风"与"国风"，一直存在着一些争议，它们虽然有着同样的文化内核和审美特质，但普遍观点认为，国风更严谨、文化底蕴更丰富，更具历史厚重感；古风概念更宽泛，很长时间以来处于一种非主流的亚文化状态，与国风相比，更具网络性、娱乐性，对文化底蕴的要求相对没那么高。

对于"古风"与"国风"，《中国文化报》认为，不论是在音乐界还是在时尚界，都不应仅限于某个亚文化群体的自娱自乐，或仅仅指向"新新人类"对传统文化的再理解。

2016年，在鸟巢举办的"古风音乐会"，被命名为"国风音乐盛典"，其名称沿用至今。显然，相比"古风"，"国风"的"国"字更拥有着国家认同感，在内容范围方面更具内涵。

在古风近几年拥有更大关注度后，资本和商业模式开始进入，成为新的推动力量。例如古风音乐，相对于中国风歌曲流行潮，虽然经过二十年的发展,仍然属于网络音乐范畴,之前只在小圈子里自娱自乐,现在越来越多的唱片公司和音乐人投入创作推广中。但商业运作行为,难免会造成与纯粹兴趣爱好之间的矛盾。

《人民日报》2018年发表的一篇《古风音乐走红 用流行味唱出中国风》认为,古风音乐的思路值得我们借鉴:一边探索全新的风格,一边播撒传统的种子。当心中的种子生根发芽,对传统萌发兴趣,他们会自觉地由此及彼、由浅入深,听完时尚的"古风",自然会聆听古乐、古曲的本真。

新国货

新国货的概念,是相较于此前有着百年历史渊源的老国货称谓而言。

我们的国货从一百多年前诞生发展至今,从创制崛起到影响力风行世界,从抱团取暖自强抵御洋货入侵,到国力强盛我们的国货有了自己的话语权和全球影响力,历经风云变幻跌宕起伏,如今国货终于迎来了又一个全新的兴盛阶段,以其让人心动的"高颜值",品质、服务"确实好"和更懂得消费者"为何买单",收获了年轻消费群体的青睐,更具备了与国际品牌一较高下的软硬实力。

对于什么是新国货,各界各方面有着不同的观点和阐释,参照亿欧智库给出的定义,新国货即中国品牌基于中国传统文化内涵,进行新创造或采用新营销资源进行传播的国产实体消费品。

自新国货诞生后,在不同平台陆续发布的年度消费盘点数据中,新国货均占据着各项消费的前端和顶流:据小红书APP显示,与2019年上半年相比,95后对本土品牌商品的发布量和搜索量分别增长22.26%和23.16%;在京东,与国际品牌相比,本土品牌下单金额与下单商品销量同比增幅均高于前者；在天猫淘宝，进入"亿元俱乐部"的本土品牌不论在"双11"还是"6·18"期间，数量均不少于国际品牌。

2020年"双11"期间，百度搜索大数据显示，完美日记、花西子、李宁、华为等国产品牌相关搜索热度同比增长34%；在各大电商平台，3C、美妆、服饰等品类的新国货品牌，为消费者热购。据什么值得买发布的《新国货6·18消费趋势报告》，2021年"6·18"，新国货已成为占据越来越多消费者购物车的主角。

现如今，新国货消费正逐渐成为消费者的消费主流，并不断渗透在生活场景的方方面面，这体现了中国市场正在发生着的一种重要的变化，对未来有深远影响。

从国货到新国货，回顾期间百年的跌宕兴衰历程，曾发生过两次先后持续数十年的规模化的国货运动。

第一次国货运动

第一次国货运动，即20世纪初倡导国货、保护民族产业。

1911年12月，上海服装业成立了"中华国货维持会"，这是中国最早提出倡导国货的团体，倡用国货、发展实业、提倡国货出口，"以唤起国人明了提倡国货之观念为人人应负之责任"。

中华国货维持会的成立，适逢我们国运百年兴衰的大历史背景下。一方面在甲午战争后，因为外国企业获得了在中国创办公司的权力，他们通过机械化生产制造的产品，几乎摧毁了我们以手工业作坊为基础的民族产业，与此同时，原本诞生发源于中国并在世界范围占有率最大的例如丝绸、茶叶等产品的生产、出口，相继衰落，被日本、印度等超过，而且在当时由不平等条约造成的国内极为不公平的市场地位及商业环境下，洋货原料和价格的冲击，导致国内民族企业、商人纷纷陷入举步维艰甚至破产状况，因此造成的倒闭失业潮不断引发各界强烈不满及社会动荡。

越来越多的有识之士意识到，保护民族商业、保护国货的经济利益，已经和国家的生存密切相关，那些西式洋货、日货危害的不仅仅是我们国货的生意，更严重威胁着整个国家的未来。1904年美国关于无限期延长的排华法案，引发了中国商人从华南开启的从1905年持续到次年的抵制美货浪潮；1915年曝光的"二十一条"丑闻，使国货运动已不仅仅是一种经济行为与政治行动。此后1925年的五卅运动及之后掀起的一轮又一轮抵制洋货运动，使提倡使用国货的呼声一次次高涨。

随着国货运动的掀起，各地各阶层支持国货的组织相继成立，诸如承诺绝不运送日货的"专用国货会"，支持民族工商业的"知耻会"，声称只购买国货的"救国十人团"等，上海发展国货的重要机构"中华国货产销协会"等。1933年上海中国国货公司诞生，全国各地纷纷效仿成立国货公司，推动了各地的国货与民族企业的发展。国货运动组织与实体通过实际行动，不仅对国货保护产生了预期实效，同时也产生了广泛的社会影响。

例如中华国货维持会在成立后的十几年间，组织召开了各种国货宣讲会，提倡销售各种国货产品，倡导发展实业，研究改良国货产品，调查海外国货产品销路，提倡国货教育，每年举办国货救亡大会，让国货深入国人之心，这些活动产生了巨大影响，引发国内各地相关团体纷纷响应。

除了通过成立协会、实业公司推动国货的发展，从1933年到1937年间还设置了"国货年"，并且每年以"妇女国货年""学生国货年""市民国货年"等不同的主题，来倡导增强社会各界人们使用国货、推广国货的意识和行动。

当时的政府层面，亦在极力保护国内的民族工业，1912年，南京临时政府通过了《服制法》，规定礼服礼帽"料用本国纺织品"，要求官员出席重要的活动必须穿国货服装。1928年11月，中华国货展览会开幕，典礼上，包括宋庆龄、蔡元培等在内的政界、学界名流约有5万多人参加。

对国货的倡导保护，从各种民间组织、商会团体发展至社会各界名流、政府机构，自下而上，逐渐从经济领域延伸至政治领域，而诸如"国父""国药""国语""国血"等一系列词语，也都是在当时大环境下应运而生的。

虽然第一阶段的国货运动经历了国人三四十年前赴后继的不懈努力，然而在当时列强当道、世界局势动荡、国力不济的情况下，缺乏政府的有力保护、没有强大的组织能力、财力物力不够丰厚、优质产品不足，尤其加之被迫接受的不平等条约，又受特权阶级的经济利益榨取，因此民族工商业、国货运动难以抵抗外国经济利益与洋货商品造成的挑战与侵蚀，国货运动之路艰难坎坷，成功机会变得渺茫。

第二次国货运动

第二次国货运动，即改革开放后国产品牌的崛起。

1978年改革开放后，中国由计划经济进入了高速发展的市场消费新时代，第二次国货运动，以此为契机拉开了序幕。

1984年，中国开始实施城市经济体制改革，其间海尔、联想、TCL、健力宝等品牌相继创立，同时出现了诸如张瑞敏、柳传志、李东生、鲁冠球、李书福等一批企业家，他们后来成为中国制造业的领军人物，1984这一年也因此被誉为中国的"公司元年"。之后，如雨后春笋般，中国制造业在国内生根发芽，翻开了第二次国货运动星辰大海般波澜壮阔的篇章。

在市场经济时代，国内消费每年都以两位甚至三位数速度增长，尤其是像电视、冰箱、洗衣机、照相机这种家电的消费量；市场需求和国家相关政策也触发了国货的飞跃，中国企业也在此期间，通过惨烈的市场竞争，艰难经营，野蛮生长，从代工、模仿到创立自己的品牌，让中国制造业在国内立足后，在 20 世纪 90 年代末又凭借其强大的制造能力和低廉的成本一步步走向国际，中国制造成为全球的"世界工厂"。

在改革开放之后，国际大牌们也发现了中国市场的巨大潜力，一些著名的外资企业纷纷进驻，在与国货产品正面抢夺市场份额的同时，又通过不断收购的方式，雪藏我们国货品牌，实现市场的占有率最大化。

虽然经过 20 世纪 80 年代到 2000 年初的二十多年的发展，国货迎来了一个又一个的历史性时刻，例如在 1996 年国产家电的销量首次超越洋品牌，但因为我们国货生产企业的企业实力、技术水准、品质及品牌影响力与洋货还存在着差距，只能通过模仿、价格战、规模的方式与之抗衡。因而在此前的很长的一段时间里，在国人消费观念里，购买使用国外产品是拥有品质、时尚尤其是"面子"的体现，而国货成为在当时的经济条件下消费者退而求其次的选择，有些消费者选购也是"为了支持国货而买国货"。

新国货时代

新国货时代的到来，开启于 2015 年。

新国货是在多种因素的共同作用下而水到渠成的结果，其中最为关键的一点，它是我们国力的一种体现。与百年前那场国货运动相较，新国货运动没有外因外力的侵入，是国人发自内心的自主自愿行动。

国人因购买、消费国货而自豪,国货因国人的推崇而更加畅销。国潮现象的诞生,也是根植于新国货基础之上衍生的文化、消费观念。

由于国民收入持续增长,市场供需发生巨大变化,消费群体迭代引发消费升级,推动了中国制造业转型,开始研发、打造自己的核心技术,中国制造不再只是代工厂。国内优质产品与国际公司产品间的差距不断缩小,它们不仅在规模上具备了竞争实力,同时更注重传统文化与当代审美和时尚潮流的有机融合,以及中国元素的创新应用,在形象、品质和审美上,与洋品牌竞争也可以一较高下。中国品牌拥有了真正的生命和活力,引爆市场,开启了一片新天地,因而被赋予"新国货"这一称号。

越来越多的新国货实力圈粉年轻消费群体,他们不再具有那么强烈的崇洋意识,消费不仅仅是出于对爱国情结的考量,而是真心认可本土产品的审美和质量,在潜移默化中成为国货拥趸,同时他们对价格已然没那么敏感,更愿意为好的品质和服务买单,因而买国货、用国货、晒国货、种草国货,成为这一代年轻消费群体的新日常生活方式之一。

国货运动历经百年的沧桑巨变,今天国货真正当红,赋予传统品牌新的生命力,恰恰是天时地利人和的结果,我们的国力国运构筑起国货发展的新时代,这是我们民族产业和消费者百年一遇的幸事。

而我们这一轮新国货运动对全世界而言,输出的不仅是中国制造的商品,还有中国的审美、中国的价值观和中国人的生活方式,同时也是讲述一个个中国故事的过程。相信在未来,新国货衍生的将是一个更大、更广阔、更受瞩目的"中国创造""中国品牌"的世界舞台。

品牌借势国潮营销

面对国潮来袭,品牌如何搭上风潮,在众多竞品中脱颖而出?

品牌借国潮造势,亦即品牌借势营销,将品牌产品的推广销售融入目前国潮这股风潮中,借助国潮的影响力和传播力为品牌赋能,吸引消费人群的格外关注,从而让他们自然而然地青睐品牌产品并产生消费行为。

品牌借势营销,产品与国潮结合,必须在两个层面达成利益点一致才能获得成功。一方面是内在层面,即品牌理念如何借助国潮文化赋能。另一方面是外在层面,即产品购买的体验过程,如何使目标受众群体在这一过程中达到心理和情感方面的个性化满足;这也是与竞品区隔的核心卖点所在,是在产品同质化中实现差异化的关键。

因此,品牌的理念、品牌调性必须与目标受众的生活方式和态度观念相契合,才能获得他们的认同感。品牌在与国潮借势营销之前,需要进一步对消费群体进行洞察调研,找到可借势空间,只有当产品、包装设计及传播推广,既融合国潮文化精神内涵,同时又符合消费群体偏好,推广形式具有创新及趣味性,尤其是品牌形象能够打动作为国潮主力消费群体的年轻一代,令他们产生情感共鸣,才能达到借势营销的目的。所以品牌借势国潮,不是仅在产品物理功能上,加上一些堆砌传统文化元素的包装设计,就可以改头换面变潮了。

品牌借势国潮营销,具体可以体现在以下三个方面。当然,它们的实施并不是彼此分割而是相辅相成、相互促进,品牌焕新可以通过跨界联名方式,并且可以开启IP孵化,同时,通过跨界联名的过程,品牌最终也可以实现焕新的目的。

国潮赋能品牌焕新

一些消费群体老化、市场萎缩、经营陷入困境的老字号老品牌，以及趋于"品牌老化"的传统"中间品牌"，即消费人群、包装设计、市场价位、产品质量等都不上不下，处于中庸状况，品牌知名度一般，产品缺乏特色亮点，同时又不能为消费群体提供个性化的服务与体验，被新兴品牌竞品逐渐超越，不断行业边缘化的品牌，即在红海竞争中挣扎的品牌们，借助国潮趋势，从品牌文化、产品到包装、营销等各个方面，通过深层次的挖掘梳理，与传统文化结合，同时融入时尚潮流元素，由新媒体进行传播，吸引年轻消费群体的关注，使老字号与时代接轨，通过品牌升级塑造新的形象，进而使品牌年轻化，焕发出新的活力，产品获得新的市场机遇。这其中比较典型的案例，就是触底反弹华丽转身的李宁，及一些传统字号品牌的回潮，例如在2018年中华老字号品牌天猫搜索量排名前几位的回力、恒源祥、永久、同仁堂等品牌。

借助国潮品牌跨界联名

品牌之间通过跨界合作的方式进行文创产品联名，其中一个品牌的产品识别特征及设计元素等为另一个品牌所使用，彼此间形成一种搭配错位感的反差萌效果，延伸出国潮新品独具的文化内涵、视觉形象和产品卖点，从而契合目标消费者的审美需求，获取更多产品关注度、购买结果及新的市场增长空间。例如，农夫山泉联名故宫文化推出限量版故宫瓶，敦煌博物馆与百雀羚联名推出彩妆系列，李宁与《人民日报》联合推出"报"款服饰系列，等等。

借助国潮品牌进行联名的品牌，传统中国元素通常是主打方向，同时，既然跨界联名，那么二者间不论为同品类还是行业上下游相关联，品牌应为不同调性、不同定位，譬如我们在传统茶行业看到的一些跨界联名，很多都是茶与器具或者其他饮品等相互间关联度很高的品类联名，乃至与琴棋书画等文化关联，但是此类联名在消费者洞察及合作产品研发、包装设计等方面做得流于表面，没有实现 1+1>2 的效果。

关于什么是跨界联名，品牌如何具体操作及经典案例解析，在第三章的专属章节我们再进行更具体的阐释，这里就不过多叙述了。

借势国潮为品牌 IP 化赋能

在当下这个产品消费已从物理功能需求转化为内容需求和精神体验的时代，IP 是品牌获取流量变现的一种重要的有效方式。企业通过品牌 IP 化，将品牌内容化、人格化，借势国潮为产品注入鲜明的人格形象特征，构建品牌和目标消费群之间的强强情感联结，将产品的功能消费变为情感互动，潜移默化地融入消费群体的生活方式中，将消费者转化为品牌 IP 的粉丝，激发品牌活力，增强品牌黏性。被普遍认为我国品牌最 IP 化的，像江小白，此外还有通过产品或服务 IP 化的京东、天猫等。

茶 × 国潮

"土味儿""老气""没个性"的传统茶行业，如何借势国潮焕新，站在时尚潮流舞台，吸引全世界爱茶人的目光？

以前我曾写过一篇文章《茶的品牌，大多一诞生就老化了》，我们的国茶虽然坐拥千年悠久的历史文化传承，但是发展至今，因为传统茶行业商业化起步较晚，相较于其他饮料食品行业，更有很多滞后与不完善，在市场理念、品牌调性、产品形态、包装设计、推广传播等很多方面，逐渐跟不上时代潮流，被打上"土味儿""老气""没个性"的标签，难以讨得年轻消费群体的喜爱。

这种状况犹如一些老国货品牌所面临的市场困局，茶行业的创新迭代已是迫在眉睫。如何将传统茶文化的基因与潮流融合？如何让茶变得时尚化、年轻化，有颜值、有个性？我们可以看到，行业内的一些茶企试图通过借势国潮，推出结合传统文化与国潮概念的全新产品，通过创意设计与新时代审美标准给人耳目一新的感受，让品牌调性变得更贴近年轻消费人群的喜好，让产品迭代升级后与当下市场空间接轨。

品牌借势国潮营销，势必要与国潮精神及消费群体达到一定的契合度与关联度，只有这样，才能实现借势的目的。对茶品牌来说，当然亦是同样道理，借势国潮，应当赋予茶品牌新的内涵，结合当下时代潮流讲新的故事，能够引发消费群体共鸣，而不能仅是传统文化元素的简单堆砌铺陈，更不能像以往一样，仅仅是强调茶文化的历史感，泥古，生硬地打上"国茶、国饮"的标签，沉湎于过去而与时代隔阂。没有理念上的创新升级，那么即使是联名了故宫这样的大IP，李宁、大白兔等国货潮牌，那也仅仅是形式上的借势，骨子里还是传统的那一套，换汤不换药，只能让消费者一时眼前一亮，实际上并没有把品牌活力彻底触动激发。

茶可以说是我们的传统文化符号代表之一，虽然我们的市场巨大，产值达几千亿元，但是品牌集中度却非常低，有品类无品牌，中国茶享誉世界，可是至今没有一个世界级茶企、国际大牌。在我们迎来民族复兴、国运不断持续上升的当下，茶行业可以通过国潮为茶文化赋魂，为茶行业发展注能，为茶品牌丰富内核，将传统茶行业基因与潮流融合，发展成为新风尚，让传统茶行业充满现代的生机与活力，让我们的国茶成为国潮，站在时尚潮流舞台上，吸引全世界爱茶者的目光。

茶 × 国潮　经典事例

下面列举的是一些近两三年来茶行业内运用国潮营销，茶品牌通过联名跨界推出的茶产品，相关事例其实有很多，在这里只选择其中不同领域方式合作且比较有代表性的几个案例，譬如与国潮大IP故宫、国潮品牌"一哥"李宁、老国货回力及IP跨界联名等。我们可以看到，先不对比其他在这方面做得风生水起的行业，相较于做得亮点热点频出的新茶饮，传统茶企在借势国潮营销方面，还有很多亟待深入学习提升的认知及实践空间。

中茶 × 故宫：治国安邦

麒麟、仙鹤，朝服纹饰，大红袍、白牡丹——中茶与故宫设计联合推出的"治国安邦"系列，文取仙鹤，武取麒麟，寓意文武双全、文治武功，设计元素提取了文武大臣朝服的纹饰，让品饮者可以感受到茶里的乾坤、文化的内蕴。

小罐茶 × 朕的心意·故宫食品：一甪安行

瑞兽甪（lù）端，是古代传说中的神兽，与麒麟相似，据说日行一万八千里，且只伴明君出行。"一甪安行"随享礼盒，以故宫馆藏文物甪端为设计元素，将中国传统宫廷文化与现代茶饮相融合，不仅寓意吉祥平安，而且作为一款茶饮套装，还可以随身带上去旅行，随时随地安享"碧水秀色茶香伴，日行千里护平安"的惬意舒畅。

ChaLi（茶里）× 上新了·故宫 × 红楼梦：12味茶书

包装为故宫主题的国潮风的四味茶礼盒，内装12种口味茶包、代表金陵十二钗的12味茶书，ChaLi联名"上新了·故宫"与名著《红楼梦》，上线国潮产品"甄选四味"茶礼盒和"12味茶书"礼盒。

"甄选四味"茶礼盒中的四款茶包，还原了"三清茶宴 故宫特饮"的体验，产品包装设计灵感来自故宫文物，将传统茶文化与国风潮流相融合。作为四大名著的《红楼梦》，书中出现过数不胜数的"茶"字和茶品类，茶里与《红楼梦》产品联动，"12味茶书"让传统文化以一种品读方式走近年轻消费人群。

茶百道 × 敦煌博物馆：寻味敦煌 飞天觅茶

在联名款产品中，丁丁猫与敦煌的九色鹿变成了一对新组合，这次茶百道与敦煌博物馆联名，以"寻味敦煌 飞天觅茶"为主题，新推出3款具有代表性的传统中国茶品类与奶的调饮，杯身上通过茶百道的IP丁丁猫与飞天、九色鹿、祥云、彩带等敦煌文化元素的设计，触手即可感知敦煌文化。茶百道与敦煌联名，从产品到线上线下活动、明星品牌推荐等，一系列操作后，联名产品在社交网络上引发关注，单条微博评论数量达1万条以上,小红书上与此相关的笔记也带来了很高流量。

奈雪的茶 ×《人民日报》:有为青年看报喝茶

以玫瑰乌龙、茉莉毛尖为茶底的"报款"红石榴茶饮,70后、80后、90后三个时代人喝的茶,刻满时代生活印记的小油灯、竹斗笠、三转一响、老式电器等老物件儿——以"有为青年看报喝茶"为主题,奈雪与《人民日报》联合开了一家极具怀旧风格的快闪店,还有国潮小卖部,巡展北京、深圳,带来穿越品茶之旅。

奈雪作为新茶饮品牌,在《人民日报》的"70而潮 中国正当潮"的活动中亮相,不仅年轻粉丝纷纷前来打卡,还吸引了很多中老年圈层的目光。奈雪与《人民日报》联名,在传播茶文化魅力的同时,奈雪也开启了新茶饮的国潮风。

奈雪的茶 × 李宁:"好正"魅力

借势国庆火红热潮,演绎红色热情,以红色为主色调,李宁王府井迎国庆"Ning Space"线下快闪活动中,奈雪与李宁联名推出"好正"限量礼盒,内装特别定制随行杯、心意卡和T恤,以抽奖赠品形式回馈顾客,由此吸引大批潮人前来打卡。与国潮"一哥"李宁的联名,为奈雪的国潮营销之路又增添了一个新的里程碑,奈雪跻身国潮一线,同时也让新茶饮可以深入到更多消费群体中,让他们有机会去感受中国茶的魅力。

喜茶 × 百雀羚:"致敬经典"喜雀礼盒、联名会员卡

喜雀礼盒、喜茶会员卡,喜茶门店的特别菜单、茶饮的杯套——这是茶饮品牌喜茶以"致敬经典"为主题,与国货品牌百雀羚联名推出的一系列产品。联名款的设计非常具有传统韵味,与百雀羚的品牌底

蕴相得益彰，也赋予了喜茶一股复古风潮，二者还组成了"阿喜 × 阿雀"新组合。

两品牌线下合作的快闪店"芝芝巴士"，设置在上海长宁来福士广场，里面陈列的留声机、立式麦克风与老旧的皮箱等老物件，让时光仿佛穿越回20世纪二三十年代，引来人们纷纷打卡发圈。

喜茶 × 回力：联名款回力鞋

"从中国风格中汲取灵感，用原创重新定义经典"，喜茶与回力以"致敬经典"为主题，联名推出特别款帆布鞋。在设计上，以传统鞋款为蓝本，融入了代表回力鞋业创建时间的"1927"与喜茶第一家店开业的"2012"两个特别年份的标志性的喜茶元素，潮范儿十足，一上线就受到年轻人的追捧。

伏见桃山 × 花朝记：招牌木樨酒酿奶茶

手捧奶茶，身穿汉服——奶茶品牌伏见桃山与汉服品牌花朝记联名，演绎了一种国潮的独特玩法。伏见桃山，将传统美食桂花酒酿糕的元素结合到奶茶中；花朝记，则用敦煌飞天元素做成了既可以装奶茶也能单独作为装饰的敦煌风杯套。

同时，两个联名品牌还发起了一场公益行动，捐赠收入的一部分，作为中国敦煌石窟保护研究基金会相关项目资助，为中国传统文化传扬贡献一分力量。

往事若茶 × 一禅小和尚：不念过往，只争朝夕

从包装设计上的一禅小和尚元素，店内的一禅形象、墙上的语录，到一系列创意表情包、短视频，往事若茶与国产原创3D动漫IP一禅小和尚携手，在外在表现上，在品牌文化、广告语上，都呈现了国潮元素。"不念过往，只争朝夕"的品牌理念，让往事若茶的治愈系形象

十足；一禅小和尚的动漫元素融入茶饮，使茶饮更贴近年轻人的生活方式；往事若茶期望达到的C位引流效果就在于此。

泊喜×故宫宫廷文化：千里江山茶器

千里江山茶器设计灵感取自《千里江山图》"鹰峰争翠"经典之景，用山水绿窑变釉施色，以"乾隆御览之宝"钤印点睛，以线描勾勒江山图景上盖为山，提炼江山图卷设计元素的底盒做舟，将宫廷文化与匠心品质完美结合。

千里江山茶器，将文化传承、使用体验和"宫匠"精神融合，重新定义茶器与品饮体验，去繁取简、组合收纳，泡茶品茶可一手掌握，咫尺有滋味，不仅少了烦琐多了闲趣，而且出游旅行携带更便捷，随你走遍千山万水。

第二章　IP 时代

——品牌拥有人格化灵魂，赋予产品情感心生共鸣

"得 IP 者得天下！"

《乡村爱情》出盲盒了，还挺香，广告门的 CEO 劳博转朋友圈说他"想来一套"。

《乡村爱情》号称"最长寿电视剧 IP"，自 2006 年至今已播出 13 季了，这次推出的是村里五大家族人物形象盲盒，网友们反响强烈，对于几位角色气质拿捏到位、丑萌丑萌的形象设计，让网友纷纷表示想要立刻拥有。

这么多季我本人真正关注到它是在第 11 季的时候，《乡村爱情》破圈出了套颠覆以往形象的"国际化海报"，当时还在"商艺风云榜"上编辑转发了。

据阿里大数据统计，《乡村爱情》IP 的粉丝主力军为 90 后、95 后，其观影人群中，34 岁以下年龄层占比近 70%，所以优酷联合知名设计果冻推出《乡村爱情》"老铁盲盒"引发喧哗也就不意外了。

提到盲盒，不得不说起其背后规模高达数千亿元的潮玩市场。据弗若斯特沙利文数据，2019 年中国潮玩零售市场规模达 207 亿元人民币，年复合增长率为 34.6%，预计到 2024 年市场将突破 700 亿元。其中作为潮玩代表的盲盒，在市场中约占 100 亿元，潮玩头部 IP 泡泡玛特以 17.57 亿元排名 2019 年第一位，其次为 IP 小站、"19 八 3"等品牌。

据来自天猫的数据，泡泡玛特位列 2020 天猫服饰最联名带货十大国产 IP 之一。同样跻身天猫这个榜单的故宫博物院，早已成为国内最成功的联名跨界、国潮大 IP 之一，2019 年故宫文创产品超万种，2020 年销售额达 15 亿元。除此之外，还有小黄鸭、敦煌研究院、国家宝藏、中国国家博物馆等 IP 入榜。

《2021 天猫服饰白皮书》大数据统计显示，IP 联名已经成为天猫服饰销售的增长点，在 2020 年，联名款销售额增速超过 60%。在另一份与天猫母婴相关的《2020 中国市场 IP 电商指数报告：母婴亲子篇》(阿里鱼IP研究中心、天猫母婴亲子和阿里数据共同发布)中,宝可梦、芭比娃娃、小猪佩奇、哆啦A梦、小熊维尼、海绵宝宝等十大IP,母婴产品与其通过联名方式,成为消费者首次购买拉新利器。除此之外,王者荣耀、英雄联盟、bilibili、阿狸、斗鱼等一大波热门电竞游戏、二次元IP都已经在天猫开店,排名榜单前三的奥特曼、钢铁侠、海贼王雄踞榜单,它们的商业变现实力不仅超越很多一线明星,而且其不断上升的活力周期也是很多一线明星很难做到的。

在中国IP授权零售市场,艾媒咨询数据显示,2019年达到844亿元规模,预计到2024年将突破1600亿元规模,复合增长率为14.8%,成为新的投资与消费提速增长点。

与IP相关数据中,国内IP改编市场,2019年规模为3080亿元,预计到2024年这一规模将达到5867亿元;IP手游的市场,2019年规模为1125亿元人民币,占2019年手游市场总额的61.9%,预计2024年将会突破2000亿元。(数据来源:弗若斯特沙利文)

全球2018年IP市场规模约为1806亿美元,比2009年的1510亿美元增加了20%(韩国创意内容机构提供的数据);电影、游戏、动画等IP衍生品的国际市场,2019年规模超过1200多亿美元;目前我国IP衍生品产业正迎来需求与供给侧双重支持的上升机遇,产业投资从2012年的18.6亿元额度增至2018年的344.7亿元,增长高达18倍,对标国外成熟市场,2020年后我们将会拥有超过1000亿元的市场吸金体量。(数据来源:艾瑞咨询《2019年中国娱乐内容IP衍生产业研究报告》)

IP相关市场之所以产生了如此迅猛增长的数据,并非偶然也并非一时。近几年来,国内人均GDP不断提升,引发人们的消费观念从物质生活需求向精神层面需求转变,人们从追求财富转为开始注重产品的文化价值;伴随着互联网成长的年轻一代群体,逐渐成为消费市场的中坚主流,他们在消费心理上更注重产品的颜值,同时,在购买动机和偏好上又注重满足尝新与好奇心;IP在国内从2015年开始爆发至今的数据增长线，刚好也应和了国内人均 GDP 不断上升的主线，以及新国货时代开启，年轻一代逐步迈上市场主舞台的节奏和消费实力。

10 000 美元是一道分水岭，当人均 GDP 达到 10 000 美元时，国家产业升级，社会保障和公共服务领域随之达到更高水准，消费市场需求开始从物质需求转向精神需求，这即所谓的经济学"人均 1 万美元"指标。

回望那些相继突破 1 万美元指标的国家和地区，我们可以看到，它们都发生了消费需求的巨大变化，迈入了全新市场发展阶段，其中最显著的现象就是本土文化产业的崛起。

例如，美国在 20 世纪 40 年代达到 1 万美元指标后，世界电影产业中心、时尚潮流中心好莱坞诞生，20 世纪福克斯、派拉蒙、环球影片公司、迪士尼、华纳从这里发源并风行世界。德国诞生了影响至今的十项"好的设计原则"，成为德国人引以为傲的现代设计的精髓。日本出现了"动漫人口"，即如今所谓的"二次元"人群，他们支撑并促进了日本动漫文化产业的发展，成就了如今规模超千亿元的日本动漫产业。韩国在人均 GDP 达到这一指标后，其代表性的电影文化产业开始在国际屡获荣誉。在丹麦，一种可以互相拼插搭建的玩具，也就是乐高诞生了，如今这一代的小孩子依然玩得乐此不疲。中国香港特别行政区在 20 世纪 80 年代跨过 1 万美元人均 GDP 门槛后，影视产业的黄金时代自此开启，录像厅里留下了那一代人难忘的记忆。我国台湾地区也是在 20 世纪 80 年代末，文化艺术市场飞速发展，流行乐坛开始活跃，《潮——来自台湾的歌声》一夜之间传遍祖国大陆，也就是从那时候起，很多港台明星成为一代人心目中的偶像。

中国在 2019 年，人均 GDP 迈上 1 万美元台阶，这意味着，人们对文化娱乐服务的需求日益激增，文化产业正在成为拉动经济的新动力，同时也预示着未来广阔的市场空间，为国内文创行业带来了巨大发展机遇与前景，这其中就包括上文提到的 IP 授权、改编、衍生品、潮玩等相关产业规模，在跨越 1 万美元分水岭之后，呈现爆发式的增长。而 2019 年也成为跨界联名的狂欢年，品牌们在这一年纷纷"没事儿，跨个界，联个名"，掀起一阵又一阵的热潮。

其实在 2015 年，我国国内生产总值已达 67.67 万亿元，人均为 5.2 万元，约为 8016 美元，到了 2018 年，我国 GDP 总量超过 90 万亿元，人均 GDP 已经接近 1 万美元，因此当年"国潮"的诞生，新国货品牌霸屏，引发年轻消费群体追捧，并持续发酵至今，绝不是一种偶然发生的文化和市场现象。国潮从 2019 年中国潮流文化代表，到对中国传统文化的传承与弘扬，延伸成为如今年轻群体对国货品牌的民族自豪感，国潮俨然已是一种对中国文化符号的情感表达。

之前网上曾流行过这样一个段子，说，70 后希望 80 后接盘股市，结果 80 后跑去炒房了；80 后希望 90 后接盘房子，结果 90 后跑去炒币了；90 后希望 00 后接盘比特币，结果 00 后跑去炒鞋了。

而 2019 年天猫《95 后玩家剁手力榜单》发布的数据，刚好印证了这个段子——在目前 95 后最"烧钱"的五大爱好中，潮鞋的烧钱上升指数仅次于手办，排在电竞、Cosplay 和摄影之前。而集盲盒的玩家中，每年花费 2 万元的有近 20 万人，甚至有的人一年投入要超过百万元之多。

天猫的大数据统计显示，目前国内 15~25 岁的年轻人群体已达 1.49 亿；1995—2009 年出生的 Z 世代，占国内总人口数已接近 20%。针对年轻人群的消费洞察，买买买的偏好和动机，如何抓住他们需求的兴趣点，成为品牌更为关注的营销内容和重点。

而这一代年轻人从校园走向社会舞台的成长轨迹，刚好伴随着 GDP 总量从 10 万亿元到 100 万亿元的增长，中国经济的崛起；因此他们的消费心理也随着经济大环境与生活空间的巨大改变，被潜移默化地影响和改变。

当年轻一代群体拥有了自己的消费能力和话语权时，物质已足够丰富，能极大地满足所需，于是，精神需求与情感寄托，越来越成为他们消费时的更重要追求，他们比其他年龄层人群更愿意认识、尝试新事物、追求个性自我；同时我们的国货产品复兴时代来临，国产老字号开始焕发生机，融合了传统文化与时尚的新国货，如手办、潮玩等丰富的 IP 衍生及 IP 跨界联名品，它们所传达的价值观念、潮流元素、文化符号，既引发了他们的情感共鸣，也转化为他们的消费驱动力，成为彰显个性的标签。与此同时，作为潮流引领者的年轻群体又助推了文化产业的提升，他们的消费需求，反过来也促进了 IP 产业链的更进一步完善，促进了市场体量增长及影响力提升。

IP 是什么

所谓 IP，原本为 Intellectual Property 的缩写，即"智力成果权"，国内译为"知识产权"，意指人们通过智力劳动创造所获得的成果，并且是由创作者依法对其成果享有的专属权利，通常国家赋予创造者在一定时期内，对其智力成果享有专有权或独占权，包括音乐、文学及其他艺术作品，发现与发明，以及一切倾注了创作者心智的词语、符号和设计等。

IP 这种叫法属于我国独创，而国际上"知识产权"通常称为 IPR（Intellectual Property Rights），泛指发明与发现，以及被赋予人的心智、拥有法律独享权力的知识财产，包括版权、专利权、工业设计权以及对商标、商业外观、商业包装、商业配方和商业秘密等通过法律来进行保护的权利。

IP 热在国内爆发后，对此概念的认知和观念，各行业都进行了分析和定义，譬如罗振宇认为，IP 实质上是新人格；腾讯研究院的观点是，IP 是有故事情节的、经过市场检验的、承载了人类情感和价值观的共同想象体（或符号）。而优质的 IP，如同金字塔的层次一样，自上而下依次包括价值观、个性、故事、多元的演绎方式和商业实现。著名动漫形象张小盒之父陈格雷认为，IP 是任何有文化沉淀价值的、有商业持续开发能力的无形资产，无论这个 IP 是一部电视剧、动漫、一个形象，还是故宫这样的经典文化系统。这更符合 IP 是无形资产权益的本义。

因此综上各方观点来看，IP 从本质上更是一种具有产权、内容、流量、商业化的符号，能够通过其表达的观念、文化及价值，引发目标受众群体产生共鸣，进而转化为商业价值。

国内最初对于 IP 的热度，主要集中在影视剧、文学、游戏、漫画等领域，针对的是小说的影视剧改编权，及游戏、周边衍生品的开发。目前 IP 已经延伸至多方面和多层次，拥有了更丰富的含义及呈现形式，不仅限于知识产权，所包括的范围从文学、电影、动漫、游戏，延展到艺术、综艺、玩具、服装、线下活动、旅游、地产及个人、时尚潮流等各种不同领域及产业，成为"泛 IP"概念，而国内也进入了一个"泛 IP"时代。

中国IP热的成因

在前文中已经阐述过人均GDP与文化娱乐产业发展相辅相成的关系，而IP热的形成及火爆，刚好就是国民生产总值迈上一个新台阶后，促使文化产业爆发增长的一个重要表现。

关于国内IP的起源，有观点认为其最早出现于2013年，首先在游戏领域出现，当时IP所指的是，由影视作品改编而成的游戏。其实早在2011年，已经有《甄嬛传》《步步惊心》等由小说改编的影视剧热映屏幕，不过当时还没有IP这个概念提出，按陈格雷的话来说，那个时候文学就是文学，影视就是影视，动漫就是动漫，品牌就是品牌……

2014年由于互联网企业推行泛娱乐战略以及对内容产业的布局，影视领域出现了IP概念，当年根据小说改编的几部影视作品，譬如《致我们终将逝去的青春》《匆匆那年》《同桌的你》等都获得了很高的票房，被称为影视产业的"网生代"元年，IP改编风潮随之热了起来。因此有行业观点认为，2014年为"IP元年"，2015年则是国内的"IP爆发年"。

而一些观点将2015年称为"IP元年"，因为自2015年开始，有40部网络小说作为IP源头，被改编成电视剧、电影，诸如《何以笙箫默》《琅琊榜》《太子妃升职记》等，成为与动漫、游戏、衍生品联动的商业模式，构成了互动娱乐的产业链。IP成为一个热词，其意义不再局限于之前的知识产权。

进入2015年后，IP热度呈爆发式增长，IP渗透进全产业链。IP背后成千上万的粉丝及消费能力，让各行业意识到"得IP者得天下"，企业及资本纷纷进军IP市场，一时间，各路玩家纷纷抢夺文学、游戏、动漫等各大IP。而IP版权价格更是迅速飙升，不断爆出天价的成交纪录，在2013年几十万元就可以买下的网络小说的一个大IP，到了2015年从几十万元炒到了几百万元，有的甚至高达上千万元，知名作家如果手里有多个IP，光电视剧版权费就上亿元。

排名在前的优质IP被瓜分，抢完了一流接着抢二流，乃至网络热歌、热帖，甚至有的网络小说或者游戏尚在创作开发中，就已经被买家高价预购。在2016年IP高度商业化，有200多个IP项目列入开发计划，不仅是传统影视文化公司，网络文学、游戏公司都纷纷布局IP，进军影视行业，对头部IP资源的争夺进入白热化程度。

随着IP资源被疯狂争夺后日趋枯竭，加之对于IP的开发乏力，大量囤积的IP转化率却极低，一方面巨量IP资产存在泡沫隐患，同时也使得企业没有及时将IP转化为市场效益而导致企业出现资金压力，甚至经营风险，有的甚至囤货都砸在了手里不能变现。从2016年下半年开始，对IP盲目跟风投入、资本爆炒的急功近利的商业行为，背后所隐藏的风险终于开始显现，一些当初被投资方看好的热门IP影视剧，上映后并没有取得当初预想的应有效益，频频见之于"扑街"事件新闻报道中。

前两年媒体曾报道，某房地产开发公司投资开发的多个世界级IP签约授权的文旅项目工程停摆，公司裁员，媒体深究其背后原因，此类IP主题投入资金巨大，前期自签约IP起，即使项目还未被开发出来，每年也要付出至少二三十亿元的版权费，而企业过于理想化，对高投入、回报周期长所存在的市场风险预判不足，导致资金链断裂，甚至连IP的独家使用费也已付不出，被版权方公告催债。

之前在做"商艺风云榜"的时候，曾经访谈过一位做艺术IP衍生品的艺术家，他买断了几百个艺术品的版权，但是让他比较无奈和无法接受的现实情况是，如果以艺术品的收藏升值空间估值，未来可能将达到亿元的数量级，可是，按照财务指标的原材料折旧来计算，每年都在递减20%，那么到5~10年后，这些艺术品资产评估结果将变为零，也就是说买得越多亏得就越多。

在经过井喷式的爆发后，IP繁荣的背后也暴露了良莠不齐、乱象丛生的现象，现如今对于IP及产业发展的认识思考也逐渐理性，行业也开始趋于冷静，对于IP的理解、打造和开发也到了一个新的阶段。虽然没有了之前的火热和一掷千金，但是只有经过深耕细做、精心打造转化而成的优质IP资源，才能收获更大、更长远的价值。

IP 化营销

IP 化营销,是指企业将 IP 思维和运作的方式,注入品牌、产品中,塑造出迎合目标消费群体心理的形象、内容和价值观,并通过市场营销手段,在目标消费群体内心层面获得认同感和归属感,扣住他们的心智,持续地提供流量,最终带来巨大的红利。

近年来企业、品牌、个人正在进入 IP 化时代,这一趋势与今天的 IP 发展、市场环境、生活方式、消费群体、消费方式的变化,都有着直接的关联,IP 的精彩内容可以带来流量红利,企业、品牌希望通过 IP 化的构建和运营,为品牌、产品打造出一种有人格的内容,以人格化的方式与消费者产生连接、沟通、互动,实现商业目的和达到市场营销目标。

目前企业进行 IP 化营销,常用的方式和途径包括:品牌 IP 化、产品 IP 化、个人 IP 化、渠道 IP 化、内容 IP 化、活动 IP 化、场景 IP 化,等等。

品牌 IP 化

通常企业的市场行为都是先生产制作产品,在销售和企业发展过程中,通过不断的累积逐渐形成品牌的理念。一些企业发展到一定市场规模后,会主动针对品牌进行梳理建设,形成一套完整的品牌体系,之后再将定位、价值观、调性等品牌理念进一步赋予到产品中,推广传播给消费群体。

但是 IP 培育与品牌树立所不同的是，首先要将价值观、人格、文化融入内容中，通过情感共鸣使受众产生认同与归属感，形成一个庞大的粉丝群体，再进行商业转化变现。

那么从传统意义上，如果品牌旗下有新的产品推出，消费群体首先要关注它的功能性、体验感。虽然品牌达到高级阶段，消费者会对品牌形成一定的忠诚度，即使新品让消费者失望也不会对销售产生过大影响；但是，一旦产品的功能体验感有了更多的瑕疵缺陷，甚至给消费者带来了负面感受，或者，消费者认为品牌调性已经与自己的不再契合，抑或市场上有了更好的产品，那么消费者很可能因此放弃该品牌并转向竞品。品牌失去产品支持后会走向衰落，这方面的相关案例很多，譬如曾经的手机市场霸主诺基亚、摩托罗拉品牌。

而品牌 IP 化后，通过 IP 化的品牌名称、人格化或者卡通化的形象等方式，目标受众群体已不仅是原有品牌产品的消费者，IP 化的品牌会吸引更多的群体和玩家，并将之转化为来自更多层面的消费和收益，远远超越之前通过产品销售获利的方式。

品牌与 IP 之间虽然有着十分相似的共性，譬如视觉识别、价值观、文化、情感共鸣等，都需要一个长期的打造及培育的过程，但是二者之间的区别在于，品牌必须依存于具体产品与服务表达价值及主张从而赢得消费者的赞誉与忠诚，而 IP 则是通过内容塑造的人格化带来的情感共鸣，让粉丝产生依赖和归属感。

品牌 IP 化营销成功的案例有很多，诸如三只松鼠、江小白、单身狗粮、天猫、M&M 巧克力、趣多多等品牌。

我个人认为，品牌 IP 化做得最为成功的还是"左岸咖啡馆"。当年奥美广告将一个咖啡品牌塑造成了巴黎塞纳河左岸的咖啡馆，一个历史悠久、文化艺术气息浓郁的咖啡馆，文艺女生在巴黎进行浪漫之旅，左岸咖啡馆承载了她随时可能冒出的小情绪、幻想和欲望，"孤独却又享受其中"的小故事在里面发生着，左岸咖啡馆被赋予了灵魂，成为一种精神寄托。当年有八成被访者相信，有左岸咖啡馆的存在，其中有人"宁愿相信有"。

20世纪90年代还没有所谓的IP化概念，但是左岸咖啡馆的品牌塑造方式，与如今的IP化营销有着异曲同工之效，如果拿今天的标准来看，这绝对是一个海量级的超级IP，那么左岸咖啡馆的市场空间，就远远不只是当年四五百万美元的年销售额度了。

产品IP化

从产品功能与其使用的物理属性及外包装方面，赋予产品成为可感知情感价值内容的载体。产品IP化后，消费群体从之前对产品有需求的购买使用者，转化为IP内容的粉丝，这样不断更新的内容可以带来不同的惊喜，进一步转化为购买行为，而在购买过程中的互动，更贴合年轻消费群体的社交需求，同时也为产品的推广传播带来了新的流量。

产品IP化的经典案例有很多，譬如奥利奥饼干，黑白夹心小饼干堆搭故宫、模仿权力游戏的各种玩法；如与Nike（耐克）联名的Air Jordan（飞人乔丹），推出的潮鞋屡屡刷新市场价格；如国民奶糖代表大白兔，与其他品牌联名推出的大白兔气味香水、奶茶、冰淇淋成为爆款；如江小白的表达瓶，让喝酒成了不同情感和生活的抒发和宣泄。

我个人认为，最经典的产品IP化，还是"绝对伏特加"，虽然同左岸咖啡馆一样，在绝对伏特加诞生的那个时代还没有IP概念。当年绝对伏特加的产品瓶型，被打造成为一个具有IP特质的超级符号，并通过视觉及关联的标题与引发的奇妙想象，为品牌赋予了"有趣的灵魂"，而消费者购买绝对伏特加，并不是因为其口味，而是因为产品传播推广时"所说的话",有很多人甚至把产品广告当作艺术品来收藏。

绝对伏特加与左岸咖啡馆,虽然并非当今具有现实意义的 IP 化营销的成功案例,但是我个人认为,当下国内外 IP 化的品牌及产品中,尚未有哪一个达到了如此程度及与之相当的市场时效。同时这两个例子也印证了一个结果,就是,IP 的商业价值并不是在短期内就能实现的,一个成功的 IP、一个优质的 IP,需要一个很长的培育孵化期。

个人 IP 化

个人 IP 化,譬如公司老板、企业家、商界领袖、创业者等,不只是代表企业讲话、接受访谈或者参加产品推广宣传互动,IP 化的作用是要将企业经营管理者或者创业伙伴、工程技术专家等,通过人设塑造,赋予他们人格化、形象化与故事化,以此与消费群体产生共情,产生比品牌、产品及科技更大的人格魅力。一个有血有肉有思想观念的丰满的个人 IP,更能够赢得消费者的拥护、追随,这种拥护、追随能进而转化为对企业的产品和服务消费更长久更坚定的信任和支持,产生比广告传播更好的市场效果。而公司老板、企业管理者通过价值 IP 化,也能够更有助于企业的发展。

由于中国人比较内敛含蓄的性格特质,在之前的传统媒介时代,企业领导者往往中规中矩、比较低调,在企业背后默默实干、付出。近些年,市场环境、传播渠道都发生了巨大变化,新媒体、自媒体当道,消费者被海量的碎片化信息覆盖,企业领导者个人 IP 化营销也越来越多,尤其是2020 年的疫情催生的直播带货热,很多老板、创业者坐到了屏幕前,进而也推动了个人 IP 化营销进一步前行的趋势。

企业家个人 IP 化的典型成功案例很多,如苹果的乔布斯、小米的雷军、格力的董明珠等。

除了上述企业领导者个人 IP 化营销外，还有普通人的 IP 化塑造，譬如我们所熟知的李子柒，她在自己的每一款东方美食里都融入了我们几千年的传统文化，这种诗意化乡村古风生活的故事，契合人们回归老家田园农耕原始生活的追求向往，引发了人们强烈的心灵共鸣，李子柒也从一个普通女孩，成为举世闻名的个人 IP。而 IP 不断进阶的锤子罗永浩，从新东方的段子手到做锤子手机再到上脱口秀大会，他是个人 IP 化最为特色鲜明同时也面临争议的一位。

活动 IP 化

这里所说的活动 IP 化通常是指，购物季、促销活动、展览展会、发布会、跨年演讲等，通过 IP 化操作，拥有了强大的吸粉魅力及黏性。其中比较典型的例子就是天猫"双 11"了，如今它已经成为国内商家一年当中仅次于春节的购物季，我本人每年都很关注那个"猫"的超级符号又搞出了什么新花样。另外如苹果新品发布会；再如罗永浩的锤子手机上市发布会，其实很多人是把它当作罗永浩的一场脱口秀来看的；此外还有目前逐渐 IP 化的一些企业年会。

茶行业每年在全国各地都举办的茶博会，如果通过 IP 化的助力，不仅可以升级农产品展销会的这种形态，更能够改变流量走低、业内人自嗨、转化越来越弱的状况，春茶采摘节，以及各种茶会活动，也是如此。其实像已经举办了很多届的北京国际茶业展、北京茶博会，IP 化操作，融入年轻人更喜爱的二次元元素，潮流时尚符号，将会给消费者带来全新的体验，不仅能够突破当下的瓶颈，像咖啡博览会一样，吸引更多的年轻人参与，而且能将热度和流量转化为新的绩效。

茶行业如何通过 IP 化，引流变现，为产业赋能

面对新潮流新趋势，新的市场需求，当产品自有流量不够支撑自身市场变现时，茶行业、茶企、茶商如何孵化打造自己的 IP？如何通过品牌 IP 化、产品 IP 化的 IP 化营销，为品牌、产品的价值提升赋能？

茶文学艺术如何 IP 化

关于茶的文学艺术作品、茶学专著，自古至今，我们可以看到，非常之多，譬如唐宋文人墨客咏诵品茶的诗词、书画楹联，以及有关各种茶的传说故事、山歌民谣等。在一些历代神话志怪、小说、戏剧中，有很多关于茶事的情节内容，譬如《封氏闻见记》《事文类聚》《金瓶梅》《红楼梦》《聊斋志异》《牡丹亭》《西园记》等。在四大名著之一的《红楼梦》中，有关茶、茶器及喝茶的情节与描写近三百处。此外，更有像陆羽《茶经》、蔡襄《茶录》、赵佶《大观茶论》这样经典传世的茶书著作。而在现代诸多作家及文人学者的著作文章中，关于茶的内容或题材，或借茶抒怀等，更是多见。

可是，与茶产业茶品类繁多、品牌近无的现状一样，传统茶行业中至今也没有诞生一个大 IP，甚至可以说，与同类行业相比，茶行业几乎就没有什么真正意义上的 IP 商业化运营实施。

传统茶行业近些年说来说去总是老一套，跟不上时代潮流节奏——

"国潮当道"VS"我神农尝百草","跨界联名"VS"我茶禅一味","场景营销"VS"我人在草木间","IP时代来临"VS"我万病之药"……当然,现在很可能有茶企茶人,已经开始在做着IP打造及IP化这样的事情与项目了。

之所以造成这样的现实状况,各方面因素很多,其中很关键的一个原因是,IP不仅要有持续输出的内容,而且IP打动目标群体的是,它表达的价值观所产生的情感共鸣,以及由此引发的归属感;IP不是单单依靠产品和它的功能,然而很多时候,由于传统茶企的思维模式,导致在这个运作过程中,最终的结果还是落到了很具体的一款茶产品上。

"七碗茶"与IP化

譬如卢仝的《走笔谢孟谏议寄新茶》,如果仅仅从诗中抽取有关七碗茶的段落,那么,无论是做成了一款产品还是着重于冲泡品鉴的茶艺茶道,或是以此更泛泛地推论茶本身功效作用如何,喝茶可以达到怎样的境界,甚至是喝了茶就能够羽化登仙的玄之又玄,或是落实为绝大多数的具体茶产品形态,那都只是对诗本身的断章取义,都只是片面的解读,而非IP的打造过程。

作为IP,首先要创作内容,并且要发掘内容背后所传递的哲学、价值观、世界观。卢仝喝的是什么茶?为何由军将送上家门来?还有谏议大夫亲笔书信?为何白绢包茶还封着三道印?后来卢仝和谁一起品饮,在怎样一种情境中写下了这首茶诗?这些疑问的答案里面全是故事,七碗茶诗与其背景,卢仝的生平与茶,一定可以创作出独特的精彩小说、电视剧,甚至是动漫、游戏,从而赋予其人格魅力,打造成有内容、有灵魂的"七碗茶"IP。然而,我们通常看到的并不是上述这样的孵化过程,而是跳过前因仅仅对于七碗喝茶过程进行单纯理解、解读，进而得出结论，只要喝茶就能做到如此结果，甚至直接落地到具体茶产品上，喝了某某茶就可以体验到这种境界。茶，喝茶，就能自然带来和体验到诗中描述的七碗茶的情境吗？并不是。

"红楼梦茶"与IP化

再譬如《红楼梦》中的茶，作为红楼梦这个大IP的组成元素之一，茶相关内容是否可以从小说中拿出来，再培育衍生出一个新的"红楼梦茶"IP呢？

现在不乏茶行业学者和茶叶爱好者，在学习研究和分享《红楼梦》中的茶与文化，对于茶爱好者及从业者群体，从学术和科普以及茶知识传播来说，这是一件非常有益的事情，但从打造IP的角度而言，目前的情况是距离那个最终想转化出的"红楼梦茶"IP还很远，还有很长的路要走。或者我认为，他们目前做的这件事，还不是真正意义上的IP化，顶多算是蹭IP热度，因为还未能产生相关的主观意识。曾经有位茶友，在某读书平台上，开设了关于《红楼梦》中的茶文化专题讲解，也吸引了一些粉丝群体。我曾特地去该读书平台上搜索了关键词，发现《红楼梦》主题非常多，但与茶相关的专题并不多，而且订阅量也都一般，甚至比不上一些单纯的读书主题，离蹭《红楼梦》这个IP为自己引流变现尚且有差距，更不要说独立打造出一个相关茶IP了。

"唐宋书画茶"与IP化

除了《红楼梦》之外，近年来茶行业学者、茶企、茶友等，比较热衷的是唐宋茶文化，尤其是关注一些传世书画艺术作品上所呈现的与茶事相关的主题及画面。

与"红楼梦 IP"的原理一样，唐宋书画上与茶相关的内容，同样可以衍生出一个个 IP，或者进行 IP 化。如果把某个喝茶的场景，某个茶空间，或者某茶器茶具，仿造复制做出产品售卖，那么这仅仅是一种常见的产品开发，而且很容易被效仿，陷入同质化竞争。譬如中国茶叶博物馆陆羽塑像手中捧着的那只茶碗，如果进行市场化操作，通常仿制出来，再加上一套相配合的泡茶方式，可能进入市场初期比较有新鲜感，一旦在市场有了一定的认知度后，效仿者就会跟风而上，于是市场上很快会出现各种类似的茶碗及碗泡方式，彼此间的差别无非是材质工艺及形状容量和价格，第一个吃螃蟹的可能未必就是市场上获益最大的那一个。

《茶经》与 IP 化

说到陆羽，不能不提到他所撰写的那部被奉为经典的《茶经》。虽然这本著作在茶领域具有至尊位置，几乎每个业内人士及茶爱好者都会将之作为必读的茶书之一，但是《茶经》出了茶圈却并没有那么广大的认知度。业外读者翻阅《茶经》的兴致不够高，其中很大一个原因就在于它的专业性。这也是《茶经》虽为名著圣典，却无法成为一个大 IP 的关键原因；这也是为何茶行业从古至今有很多类似《茶经》这样的专著，却没有一个四大名著一样的超级 IP 产生，就是因为它们大多数的内容基本属于学术技术性范畴，这一点上它们甚至都不如古代其他带"经"字（非佛经）的书籍，例如《诗经》《三字经》等更能够被 IP 商业化。

《茶经》并非不能作为一个 IP 进行商业价值的开发，个人认为书中提纲挈领的那句"为饮，最宜精行俭德之人"，不仅是对《茶经》的核心思想的总结，更是中国古代茶德说的滥觞，从精神层面，完全可以提炼成为一个 IP 的"价值观"，同时，在书中第七章中所列举的与茶相关的人和事，也可以成为 IP 的内容要素，演绎成一个个有趣的故事。

但是，作为一个超级 IP，《茶经》之中太欠缺"情感"要素，不得不说这是科技专著的硬伤，因为书中所描述的茶的种植制作冲泡品饮的方方面面，是不会带有强烈且彼此交织的爱、恨、情、仇、喜、恶、怒、悲等这些情绪的，而对于 IP 而言，这些能与目标受众产生共鸣的情感内核是不能缺少的。

作者陆羽勉强可以作为《茶经》IP 的角色要素，但是，这个角色却缺乏独特的辨识度高的视觉化符号，难以让人易识别和记忆、传播——手上捧个碗很容易让人误以为他是诗仙李白，在这个意义上，陆羽比不上蔡襄和赵佶那么有故事性，更何况一个 IP 仅有故事和角色要素还很不够，因为角色的可辨识、可拓展的符号性，是一个 IP 能够升级转化为文化符号的关键所在。

我们看到在中国茶叶博物馆及北京马连道茶城树立的陆羽塑像，其风格造型神态差异巨大，但它们都有一个共同之处，就是手中都捧着一只茶碗。比较了解唐宋时期国人饮茶方式者，大体上可以明白这个艺术创作所要表达的含义，但是，如果并不清楚那个时代茶事的人，很可能无法理解，陆羽为何拿着碗而不是茶杯茶壶或者一本书？这也是为何比较专业的茶人，看到古装题材影视剧中喝茶桥段时，难免会吐槽太假了，因为剧中表现的那个朝代对于茶的冲泡品饮方式太现代化了。没办法，现在绝大多数接触过茶的人，都是从现如今盛行的方式开始，即使在国内经常喝茶的五亿人中，能够一眼就看明白这个"梗"的有多少？以我大胆的猜测，即使在茶行业七八千万的从业者中，这个比例也都很小。

综上所述，《茶经》至今没有成为一个大 IP，所以无法像四大名著一样，改编成电影电视剧游戏动漫及周边，不断收割流量变现。因而茶行业内对于《茶经》的商业化常见做法就是，各种版本的出版物，及相关专业性的解读、导读，相关的茶会、茶诵读活动，更多的是摘抄其中段落词句作为产品推广的卖点依据。

马连道品牌定位及 IP 化

上文由陆羽塑像曾提到了马连道，那么接下来就说一说马连道的品牌定位及 IP 化。

如果把马连道看作一个商业街品牌，它的定位、知名度、美誉度、品牌价值，相较于以往的茶叶批发集散，马连道自身因为市场环境和消费方式的改变，定位也已开始发生变化。虽然近年来它的茶相关属性一直很明晰，同时也因为历年来累积的行业影响力，成为茶企形象推广及新品发布辐射北京与北方市场的地标，但在如今品牌新的定位尚未完全确立，品牌新形象没有形成之时，在这个过渡阶段，我们眼见着近几年流量的红利已经不复存在，人气也随之越来越冷清，各个茶城里几乎都空荡荡的。

那么，面对当下品牌状况，是否可以通过 IP 化，为马连道赋能，使其商业化运营再次焕发生机？

作为京城著名的茶叶一条街，三十年里马连道见证了北京乃至国内茶行业的发展历程，这条街上曾经发生过的很多动人故事，诞生的一些传奇人物，可以说是一个大 IP 所具备的核心要素了，但同时作为一个 IP，马连道与《茶经》存在一样的短板，就是缺少强识别性及易传播性的视觉符号（具体相关内容我在本书场景营销章节有详细阐述）。虽然马连道与茶紧密相关，但是至今没有留下代表性的可以象征这条茶街的地标，最能成为一个马连道 IP 的文化符号。当年街道入口处那座具有标志性的"中国茶叶第一街"门楼，可惜拆了。前几年兴建的有可能成为这条茶街地标及文化中心的北京马连道工作站，因各种原因也夷为平地。

在马连道与茶联姻30年之际，各方联合策划出版了《中国茶 马连道30年·30人·30事》一书，通过30位典型人物，展现了一条茶街的故事与情怀。这看似马连道IP化的行为，但其实并不是一种有意识的相应操作，且只是一个独立事件，没有作系统长期的规划。一个IP的形成及开发，不是一本书一个事件一朝一夕就能做到的，虽然马连道那么多年与茶相关的过往，存在成为一个大IP的底蕴，但是要打造成一个IP，需要主管部门的顶层设计，及具体各执行端方方面面的配合操作，才能一点点地实现出来。

我国人均GDP越过了1万美元这道分水岭，必将带来文化娱乐等精神层面消费的爆发式增长，茶文化也是包含在其中的需求与消费之一。但是现实面临的问题是，虽然茶行业可以说是一个讲文化讲得最多的行业，然而在文化与产品的融合方面，要么玄而又玄不太落地，要么与时代脱节，要么文化仅是直接落到具体的某一类茶与品饮上的噱头，总之，茶文化产品非常单一，又落伍于潮流时尚。

虽然中国茶拥有几千年的历史文化积淀，唐宋明清辉煌时曾远播世界，但是陆羽的碗拿到今天，里面要装上现代的新茶才更符合人们的口味，因为时代在发展，市场环境在变化。而茶的文化产品及商业化推广往往陷入传统思维的禁锢中跳不出来，就像同样以帝王将相为产品说事儿，故宫淘宝就将皇帝的人设融入了现代标签，譬如"被害幻想症"崇祯皇帝、"霸道总裁"雍正皇帝，用现代思维解读历史的方式，让年轻的目标消费群体纷纷成为故宫IP的粉丝，这样，推出的各种各样的文创产品才会赢得市场青睐。

再比如漫威旗下IP，作品内容的故事及情节，以及背后所传递的哲学、价值观、文化，也针对如今的时代变化、社会环境、受众群体进行了调整，保持与时俱进，各个超级英雄才重获新生，而漫威也实现了向超级IP的转化。否则只会如廉颇老矣，解甲归田了。

因此不仅仅是IP化，面对国潮、新国货、跨界联名、场景化营销、新零售，以及后疫情时代，茶行业都需要跟上时代的步伐，无论是变得萌萌的故宫，还是英雄重装归来的漫威，都是学习参照的好榜样。对于茶而言或许可以"越陈越香"，但是行业这么一直"陈"下去，就未必会转化的那么"香"了。

IP 案例赏析
——戈壁天堂：天堂之下，再造天堂

虽然已经回到北京，看着干净得没有一粒沙子的床铺，耳边仿佛依然有电音和摇滚乐在轰鸣。CEO 陈乐发朋友圈说，你们听不到震天响的音乐是不是睡不着觉啦？

天堂之下 再造天堂

2019 年 8 月 7 日，在内蒙古自治区巴彦淖尔杭锦后旗阴山大漠，由中国文化传媒集团、内蒙古自治区文化和旅游厅、巴彦淖尔市政府主办，巴彦淖尔市文化旅游广电局、杭锦后旗政府、中传悦众（北京）文化发展有限公司、北京戈壁天堂文化创意传媒有限公司、内蒙古阴山大漠旅游文化发展有限责任公司承办，"戈壁天堂"文化创意活动，成功揭幕举办。

历时 5 天 5 夜的艺术创意活动，通过艺术装置、文化创意活动和露营相结合的方式，以人与自然和谐共生为主题，呈现了一场场极致的视听盛宴，吸引了单日最高 5 万人，在沙漠中体验了此次奇遇之旅。8月 11 日夜晚在漫天焰火中，活动完满落下帷幕。

"戈壁天堂"整体活动中，设置了舞台表演区、外环露营区、中心点艺术品展示区，各区域汇聚了国内外最顶尖的雕塑绘画、创意装置、音乐艺术、传统非遗等领域的艺术家。活动设置了包括"品牌创意营地""生存露营挑战""沙漠艺术展""音乐节""沙盒式社交""沙漠旅游体验"等板块。活动的每一位参与者都是这座奇遇之城的共建者，在戈壁天堂发挥自己的激情和创造力；同时，活动也给参与者们带来了极致的视听大餐和全身心放飞的感觉。

艺术品展示区位于活动中心区，展示着中外艺术家推出的大型雕塑、多媒体艺术、机器人、天空科技、废土改装车、夜光涂鸦等1000余件艺术品。此外展示区还举办了大型烟花、影视特效、夜光无人机矩阵、舞台艺术、互动魔术等表演。同时艺术分享会、作品展示、艺术家分享会等创意活动，异彩纷呈。

这里展示的每一幅艺术作品，都有自己独特的创作经历，蕴含了独一无二的创意理念。或许在这阴山大漠中，更容易领悟别样的艺术魅力和人生的真谛。

有趣的灵魂，才能创造精彩的瞬间

主题营地

100多个主题营地中，设置了篷房区、帐篷聚居区、房车区，其中重点建设了华漫英雄、越野e族、智造未来、末那末匠、中国手艺人108匠等主题营地。通过连续几天的露营生活，艺术家和创意人在"戈壁天堂"进行聚会，深度交流，把酒畅谈，憧憬未来。

中国手艺人108匠——传统手工艺人的诗意与乡愁

主题营地中的108匠营地格外引人注目，创始人罗易成走过全国近三十个省份，收集到一百多幅作品，其中90%的作品被列入了非物质文化遗产名录，见证着几百位传统手工艺人传承技艺的匠心。"我邀请了一些手艺人，把他们的作品展示出来，让更多的人了解，"罗易成说，"在戈壁天堂这样的平台展示作品，对于民间手艺人或是传统手艺人来说，也算是一种回归。"

文艺演出

"戈壁天堂"搭建了三座舞台，包括主舞台演出、宇宙长城电音节及主营地舞台。主舞台举办了中国说唱、新民谣活动，国内著名摇滚乐队包括郝云乐队、周晓鸥乐队、黑豹乐队、天堂乐队、面孔乐队、扭曲机器乐队、反光镜乐队等进行了专场演出，在戈壁大漠共享狂欢。宇宙长城电音节在沙漠中打造了一座由镜面不锈钢组成的"长城"，有40余位国内外电音DJ，在此劲爆演出。

1039仙人掌电台

北京交通广播仙人掌电台，是一个只存在4天3夜的特别电台，作为官方独家广播，频道依然是FM103.9，但同样的频率，电台的主持人们在戈壁天堂，带来了完全不一样的创意内容。仙人掌电台在8月8日正式开播，每天的节目从日出到日落，从午夜到清晨，几天几夜里来自各营地的各种有想法有趣的人，在这里分享了他们难忘的经历，以及他们对戈壁天堂的切身感受。

戈壁天堂不仅有音乐，还有美食

在沙漠里吃西瓜是一种什么样的感受？第一只送到沙漠孤独咖啡馆的烤全羊，开吃一瞬间，几十只手伸过去，羊肉瞬间被抢光，最后几乎连骨头都没剩下几块。但是到了随后两天，还是在108匠隔壁的咖啡馆，周围已经没有了蜂拥抢肉的人群，我去拍了段烤羊的视频，只为了发条抖音视频。

黄沙黄茶黄大泡，一桌一人一杯茶

在计划去戈壁天堂之前，爱喝茶的我就在网上搜索那种适合沙漠的便携式的茶桌和茶具，并且千里迢迢带到了沙漠里。

我在 108 匠营地摆的这张小茶桌小茶席，虽然极其简陋，却成了全场唯一一个可以正式泡茶喝茶的地方。要知道这里可是沙漠啊，喝水都很珍惜，营地里居然还可以泡茶。

五天以来有各级领导莅临，有艺术家们，有其他营地的朋友，来喝茶交换他们的故事和经历，甚至亲自动手泡茶，有的还送来他们自己带的茶叶——他们带来了茶却没有一个像我这样的泡茶空间。

白天在户外进行茶席展示后，夜晚将茶桌移步屋中，就变成了真正的喝茶空间。营地里其实有很多喜欢喝茶的人，但由于条件限制无法冲泡。在回程大巴上，一位国际艺术家营地的朋友偶然聊起，说她带来了茶和茶杯，却发现营地无法冲泡，我说我这里可以，可惜没人告诉你。

我原本曾构想，在 2020 年的戈壁天堂，在这片沙漠，建立一个茶的营地，第一个在沙漠里的真正意义上的茶空间；可惜，因为疫情的原因，戈壁天堂第二届停办，期待中的在更完善舒适的条件和环境下来喝茶会友的构想，未能实现。

但是，我依然期待疫情过去后戈壁天堂能够如期举办时，这个构想可以付诸实施。所以希望有想法有执行力的爱茶者和茶企茶机构，投资赞助、动手执行，在风沙的茶天堂里，五天五夜、乐享其中。

最后我想说的是，好看的皮囊在骄阳下的沙漠里，在没法洗澡的营地里，会很快变黑变丑，但是，有趣的灵魂，却会一起再造一座天堂，变得越来越熠熠生辉！

第三章　跨界联名

——破界出圈实现 1+1>2，品牌组合新 CP 引流变现

"耐克带钩，全家喝粥，钩子一反，倾家荡产。"

2019年，炒鞋突然火爆。一款名为AJ6樱花粉的球鞋，在发售时采用线上"摇号"，有30万人参与。一双与歌手Travis Scott及Air Jordan联名、联名款倒钩Nike鞋，据说发售价849元，而黄金码一路猛涨到上万——"耐克带钩，全家喝粥，钩子一反，倾家荡产"，通过球鞋圈内对这款产品的戏言，足见炒鞋烧起来的热度。

Nike×Levi's（李维斯）联名系列款，虽然事先没做什么大张旗鼓的宣传，可是刚一上架就被抢购一空，同时此次联名款在实体店"先到先得"的限定发售，让不少球鞋玩家提前三天排队就等着它发售，结果现场人员爆满，一度场面混乱，活动不得不紧急叫停。官方重新公布了线上发售规则计划，结果大量玩家涌入登记，网站瞬间瘫痪。

这只是发生在2019年8月份鞋圈的热点事件之一，对于2019年下半年鞋圈来说，联名爆点频出，Supreme、Levi's、Undefeated、Stussy、Fear of God等品牌逐一登场，"神仙战场"硝烟四起，"陪跑大军"累成狗，为鞋排队一宿又一宿。

2019年对于鞋圈来说，可以说是最疯狂的一年，以至于"炒鞋"成为2019年的代名词，于是有了前文提到的那个段子，最终引发了官媒对此报道，鞋圈成为众矢之的。

抛开炒作这个话题，单就运动品牌而言，因其兼顾时尚潮流、运动休闲，深受年轻消费群体偏爱，因此也尤为品牌跨界联名所青睐。

其实运动界、时尚界只是品牌联名的领域之一，现如今，各界联名合作已经越来越广泛，深入到了日常生活的方方面面。

2019年堪称跨界联名年，各种联名消息几乎每天都能看到，大家见面彼此的问候语都改成了"最近跨界了吗"，以至于没跨过的人都不好意思跟人打招呼。不知道这一年究竟推出了多少款联名品，"跨个界联个名"成为诸多品牌的家常便饭，不论是两个不同定位、不同调性的品牌，还是品牌与设计师、艺术家，抑或与IP、手游等。当时我正在第三方跨界平台"商艺风云榜"负责内容板块，每天都能搜到大把各种品牌相关的联名信息。因此，炒鞋成为2019年的代名词也就不意外了。

到了2020年，疫情也没有阻挡联名的脚步，跨界联名依然热度丝毫不减，而且品牌间跨界合作的脑洞越来越大，万物皆可联名，为了联名而联名，从房地产、汽车、手机到服饰、鞋、包、化妆品、食品、饮料等实物品类，再到互联网虚拟产品，都能贴上联名标签，甚至为了蹭流量不是联名也要硬靠上联名——本来是两家公司的一个商务合作项目，在对外传播上也要特地声称跨界联名。曾看到某茶企赞助了某项公众活动的宣传文章，号称是与对方跨界联名，并推出联名产品，但在包装上除了茶产品内容外，并没有看到与此活动相关的LOGO、主题及合作方的相关元素等信息，因此文中号称的跨界联名，很可能就是单方面一厢情愿的说法。

跨界联名的逐渐火爆，与市场大环境不无关系。大型商超、百货商店等实体，从2013年开始，大多增长趋于缓慢有些甚至近乎为零，而线上电商也流量红利不再，引流获客成本越来越高，品牌不断尝试创新产品及营销方式，试图来转变这种不利状况。而跨界联名，通过品牌间的交互合作，借助彼此产品的深度融合，产生更多关注卖点，同时满足不同的消费群体个性需求，并且联名还能够在品牌各自不同的领域产生话题，成为社会热点，为产品营销增添噱头，通过网络的迅速传播，引发消费群体的热追继而激发其购买欲望，让一个联名品变成爆款，吸引更多的流量和商业价值转化，为联名双方带来巨大的品牌和商业价值。

前面提到的运动界联名潮具体始于哪一年，虽然众说纷纭，各有各的观点和论证，但引爆年发生可以说是在2014年。此前，就品牌而言，Adidas（阿迪达斯）、Nike通过与时装设计师、艺术家及明星合作，在联名路上率先进行了尝试。Adidas 在 2004 年和美国品牌 Stella McCartney（史黛拉·麦卡尼）共同推出了联名系列"Adidas by Stella McCartney"，2013 年和山本耀司合作推出了联名系列。Nike 也与 Givenchy（纪梵希）的创意总监 Riccardo Tisci 合作，于 2010 年携手艺术家 MarcTurlan，三方推出过限量版系列。

2014 年，藤原浩的 Fragment（碎片）× Air Jordan 1 联名款横空出世，被冠以一代"鞋王"称号，时尚潮牌、设计师品牌等发现了联名款可以为其带来的商业价值和话题传播，于是纷纷转向这个新领域进行各种联名尝试，于是不断有"鞋王"横空出世刷新炒作价格。

耐克在 2019 年 11 月与韩国明星权志龙推出了联名限定系列，其中联名款小雏菊鞋发售日上架后瞬间售光。耐克的拥趸就不用说了，权志龙的粉丝们肯定也都加入了抢鞋大军，结果很可能费尽力气一双也没买到。之所以特地分享这个联名案例，是因为当时很巧合的是，公司里刚好有两位 90 后女同事都是权志龙的粉丝，这二位早早就开始动员周围的朋友加上七大姑八大姨，不惜一切代价为自己抢鞋。

何为跨界

跨界在"百度百科"的定义为,从某一属性的事物,进入另一属性的运作,主体不变,事物属性归类发生变化。

跨界源自英文 Crossover,具有"交叉、交融、超越"等含义。在如今的商业市场上,跨界则是指不同领域不同行业的品牌之间,及品牌与艺术家、设计师个人之间的联手产品,营销推广方面的商业合作。即在品牌定位、品牌内涵不变的前提下,根据市场、目标消费群的变化,调整经营策略,突破产品物理属性的边界,将其中代表特性与另一领域、行业的品牌产品彼此融合应用,整合双方资源营销推广,以开发更新更广阔的市场空间。跨界可以为品牌注入新的生机,为企业带来更多新的商机。

根据动机及目标结果的不同,跨界可以分为品牌跨界、产品跨界、目标受众跨界、场景(渠道)跨界。品牌跨界中,包括同行业品牌跨界与异业品牌跨界。

同行业品牌跨界,例如茶行业中某著名茶企,之前旗下品牌一直以福建红茶产品为主,近两年来与国内其他茶产区及非遗传人合作,推出系列区域品牌红茶产品与白茶产品,发挥其品牌优势及合作产区资源所长,创制新的茶产品,意图通过区域品牌及品类跨界产品,迎合市场热度及消费者对于红茶需求的增长。虽然同为红茶品牌,存在着产品竞争的关系,但是基于对品牌价值的认同,跨界产品虽然同为红茶,但可以为消费者带来不同的品饮体验感受。

相对于同行业品牌跨界,异业品牌跨界则完全是不同行业间的品牌合作，譬如茶与化妆品，茶与汽车，茶与游戏等行业品牌合作。

  如果跨界主体换为个人，这种行为则可以用一个网络热词来称呼，那就是"斜杠青年"，即拥有多重职业和身份的多元生活的人群。但相对而言，大多数斜杠青年是因为兴趣爱好使然，他们在本职工作外通常所从事的都是以喜好为基础的副业。在茶领域有很多这种跨界的斜杠青年群体，他们做茶、开茶会、传播茶文化，将对茶的热爱转化为承载生活梦想的另一番事业。

何为联名

这里所阐释的联名，是指品牌联名，即品牌联名营销，不同品牌间，或者品牌与不同设计师或艺术家联合，融合彼此的特色优势，设计打造出一款甚至多款产品，并以联合署名的方式进行市场推广，为目标消费群体创造全新消费体验。联名双方通常是借助另一方在相关行业领域的知名度、美誉度或热度，吸引更多的关注以达到销售的目的，获得双赢的结果。

品牌方跨界联名的根本目标，是希望将吸引来的流量转化为销量及品牌的粉丝，可以为品牌在联名领域开发新的市场空间，同时通过不断的联名对品牌定位进行延伸，增加产品品类系列，让消费人群对品牌产生新的认知，增加消费人群黏性，并带来更多更持续的消费。

通常联名是在跨界的前提下进行的，因为品牌跨界的结果是需要通过产品进行落地，从而实现当初制订的跨界营销目标。

跨界联名溯源

对于"跨界",如果追踪溯源,概念仅就六七年前和如今相比,也已发生了很多内涵的变化。在2014年前后的那段时期,所谓跨界,是基于"互联网+"的O2O商业思维模式,一方面是指通过互联网对传统产业进行转型升级,即以互联网思维为基础的传统产业的跨界融合模式;另一方面也是指传统企业从线下走到线上,互联网行业从线上延展到线下的跨越式的企业战略纵深。这个跨界的概念的发展,成为后来新零售时代开创的根基。

近两年来,跨界的概念更加聚焦于不同领域不同行业的品牌跨界,及艺术家、设计师、明星名人个人跨越其所从事领域、行业的商业行为,通常都会与联名一起出现。

而联名的溯源,据考证在距今100年前,一位加入职业篮球联盟的名叫Chuck Taylor(查克·泰勒)的年轻球员,在1921年签约成为其所选择的运动鞋Converse All Star(匡威全星)的业务代表,两年后的1923年,Chuck Taylor的签名作为图案元素设计在了运动鞋上,成为Converse(匡威)首个联名产品。十年后的1934年,匡威与迪士尼合作,推出第一款米老鼠联名帆布鞋,作为最早的IP联名款载入史册。

Puma(彪马)公司的CEO Jochen Zeitz(约亨·蔡茨),据认为是最早提出"跨界合作"概念者。1999年,经过市场调研,彪马发现,消费者对运动鞋的关注已不仅仅是在其专业度方面,于是,通过与设计师及名模的跨界合作,推出相关系列鞋款,引发了市场新的热潮。同年,彪马与德国高端服饰品牌Jil sander(吉尔·桑得)合作了一款高端休闲鞋推向市场,随后带动了运动领域著名品牌与时尚品牌合作新品的风潮。

2007年彪马被开云集团收购后业绩一直处于低谷,不久新加入的创意总监Rihanna(蕾哈娜)推出的Fenty × Puma迅速走红,随后通过一系列与明星合作的大获市场青睐的新品,Puma成为美国第三大运动品牌。

跨界联名营销

跨界联名模式

跨界联名的模式有很多种，根据目的与合作方式不同，具体可以划分为品牌×品牌，品牌×IP，品牌×个人（设计师 or 艺术家、明星、名人等），产品×产品等形式。

品牌×品牌

跨界联名双方以品牌为主体，通过与品牌相关的 LOGO、形象、设计元素等的授权进行合作，并以此推出新产品。

其中比较常见的联名模式，有同行业传统老牌与新晋潮品的合作，老品牌通过联名进行焕新迭代，品牌年轻化以获得更潮流时尚的年轻消费群体，而新晋潮牌能够为自己扩大品牌知名度，提升形象，扩展实力。非同行业品牌的跨界联名，则是联名方希望通过合作为品牌带来新的爆点，引发消费群体追逐购买，破界创造新的市场及业绩。

品牌×IP

品牌选择与影视、游戏、文化等 IP 联合，通过授权的方式，赋予品牌丰富的文化艺术内涵，同时借助 IP 的影响力，实现市场营销目标。

产品×产品

这是市场上最为常见的跨界联名营销方式，产品合作方通过深度合作进行新产品的设计开发,各取所长后将之赋予新产品中,有利于针对细分的特定消费人群进行营销,通过限量款或者在区域发售的方式推出,引发目标群体及市场强烈追捧,从而间接塑造联名方的品牌形象。

品牌 × 个人

品牌与设计师、艺术家或者明星、名人、KOL（关键意见领袖）、网红等合作推出新品,品牌希望通过设计师、KOL在其相关领域的影响力和权威性,及明星、网红的庞大粉丝群的消费力,进行产品推广售卖;而设计师、艺术家、明星、网红,则期望借助品牌美誉度来提升其个人形象。

对于各类联名产品的购买消费,国内不同区域的消费群体存在着一些差异。根据安踏对于相关市场调研分析得出的结果,品牌与设计师的联名款,为国内一二线城市的消费者所青睐,而在三四线及以下城市,品牌与大众IP联名产品更受消费群体喜欢,例如可口可乐与故宫的联名款。而品牌与IP联名款也有一定的市场运行周期,在安踏看来,有些联名款生命周期可长达2至3年,而有的只有几个月。

如何跨界联名营销

跨界联名使得行业与行业间的界限被打通,变得越来越无界,而不同行业的企业为了应对日益加剧的市场竞争,也通过跨界联名的方式彼此渗透融合,成为市场营销的一种主流趋势。企业在跨界联名的过程中,品牌形象得到延展互补整合,拥有了纵向与横向的深度和广度,更加丰满与多元。联名产品具有了跨领域的新属性,在功能不变的情况下带来体验的互补,激发各自消费者的购买欲望,从而将不同的目标消费群汇集为一体。

那么要想通过跨界联名实现这一破界结果，必须要从产品设计、功能、包装及营销方式的各个层面将各自所长进行融合，以实现 1+1>2 的效果。因此在联名推出产品之前，要针对目标受众群体进行洞察，了解消费动机和喜好，基于品牌核心理念和产品功能，找到合作品牌的相同的诉求与调性，将之打造成产品的卖点，营造噱头引发热点话题，将流量转化为产品消费和品牌粉丝群。

因此在具体跨界联名操作上，不能跟风，不能为了联名而联名，实力不够匹配的品牌联名，二者目标消费群完全不一致；或联名产品设计流于泛泛的形式而失去自己的个性，抑或为了制造话题而忽视了产品本身的研发，只是为了博眼球而脑洞大开；这些所谓的跨界联名，只会涸泽而渔地消耗品牌流量，很可能会使品牌已有的理念调性和文化价值受到冲击甚至受到损害。

跨界联名经典案例

李宁 ×《人民日报》：今日号外，"报"款来袭

李宁此番与《人民日报》联名的是其新媒体部门，产品系列包括帽子、挎包、连帽衫、T恤和水杯等服饰及日用品，系列产品在《人民日报》新媒体"有间国潮馆"快闪店内展出，吸引了众多人群前往打卡发圈。

《人民日报》曾见证了李宁在洛杉矶奥运会上的夺冠，并刊登过李宁品牌商标征集的胜出作品，二者具有历史渊源；另外，二者联名，一个作为中国主流新闻媒体，一个被视为新国潮的开创者，赋予了这次协作独特的契机。同时，二者联名，表达了作为官媒的《人民日报》

对中国设计与国潮的肯定、支持和推动，并借助国潮走近了时尚潮流前沿，可以更吸引 Z 世代年轻读者群体关注；而李宁，则赋予了联名产品更多品牌主旋律的内涵和社会价值，以及今后联名的更多可能性。

这不是李宁第一次与国字头量级的品牌联名了，例如此前李宁与中国汽车品牌"共和国长子"的红旗，跨界推出了系列联名潮品，重新诠释了"Made in China（中国制造）"的真谛。

此外，还有诸多联名案例：在米奇诞生 90 周年之际，李宁与迪士尼联名推出复古风格的米奇联名系列；为 CBA 全明星赛的赞助商德邦快递设计定制了全明星限量款战服，邀请消费者共赏 CBA；将潮流元素与地域文化完美结合，联名重庆方言说唱团体 GO$H 推出"無界"鞋款；与 BEIJING（北京）汽车联名系列，将李宁中国选手的时尚、运动、活力与 BEIJING 汽车"大都致美"的设计理念相融合，传承发掘传统北京文化的风范内涵；在说唱歌手 GAI 夺得"中国有嘻哈"节目冠军，成为中国说唱代表人物后，李宁与 GAI 联名推出"GAI 适无双"系列，成为嘻哈界与潮流圈的热议话题。

李宁在近年来一直尝试在不同行业领域进行跨界合作，通过破界跨圈的联名方式创造设计出不一样的产品系列，来呈现自己一直强调的中国文化解读方式，赋予新国潮更多的可能，为品牌创新营销拓展了更广阔的市场空间。

六神 × 沪小胖：夏日清凉组合，花露水味小龙虾

清风、小龙虾、空气里飘散着清凉的花露水气味……六神与沪小胖联手，脑洞大开的"夏夜风凉馆"登陆沪小胖虹口足球场店，外面是潮酷的夏日风情，进入店内则清爽气息扑面而来。店内有创意十足的联名新菜品"至尊冰醉虾"，龙虾肉中浸入了酒香，带着薄荷的清凉感；有经典的"六神花露水"酒槽；INS 风 LED 打卡墙、有趣的 Slogan（口号语）、凹姿势的小道具，拍照打卡，好拍指数百分百，超级有代入感。

此前与六神及锐澳跨界合作推出的花露水鸡尾酒,在天猫限量发售时,在预热期间便被近万名消费者收藏或加入购物车,上架仅仅 17 秒 5000 瓶即被抢购一空。这次六神与沪小胖看似不可思议的夏日清凉组合,是六神品牌年轻化的再次尝试,"花露水"味小龙虾,通过线上虚拟夏日风凉馆制造话题,以至尊冰醉虾预热,成为刷屏热点,KOL 探店报告阅读量为 22.3 万,总曝光量达 5600 万次以上,引发了年轻目标客群的超高关注度。

优衣库 ×KAWS:最后一次合作,秒变"全员恶人"

优衣库"KAWS UT"系列还没上市,线下各大门店已排起了长队,各路粉丝没等门全打开就蜂拥而入,他们你争我抢,瞬间变成了"全员恶人",售价 99 元的系列产品在有的店铺 3 秒钟就被抢光。

此番联名系列,包括成人 T 恤、童装及帆布袋,是优衣库携手艺术家 KAWS 推出的第六季联名款,涵盖了 KAWS 近几年的系列雕塑及涂鸦艺术作品,而且也是艺术家最后一次与优衣库的合作。

作为著名涂鸦艺术家,KAWS 的作品被更广泛认知是在其与优衣库达成合作之后,优衣库通过展览及媒体将 KAWS 推介给中国消费者,使得第一次合作的联名款上线 3 分钟即全部售罄,而且成为全球销量冠军。

优衣库的"UT"系列是与全球设计师、艺术家联名推出的潮流 T 恤,是品牌艺术跨界最多的系列,除与 KAWS 合作外也曾与村上隆、Futura 等潮流艺术家进行过合作。不仅如此,与优衣库品牌联名的大 IP 更是多多,像迪士尼、漫威、皮克斯、暴雪、任天堂等。就像优衣库"UT"系列所追求的"More than just a T-shirt"理念,不断引领消费者对于潮流的向往。

Supreme×《喋血双雄》:"穿"越经典,情景再现

由吴宇森执导、周润发主演的《喋血双雄》,上映后大获成功,成为香港电影中的经典。在本次联名系列中,Supreme 除了 M-65 Jacket 军事外套、连帽卫衣之外,还推出了 T 恤、滑板、Box Logo 贴纸等单品。设计师将电影中周润发和李修贤对峙的经典画面,及"In our profession, we shouldn't trust anyone"等经典台词都呈现在产品中,难以忘记的情怀让人不忍释手,因此该联名系列轰炸了整个朋友圈,那款周润发与李修贤持枪对峙的 T 恤,在 Supreme 官网发售仅 9 秒就被买光。

Supreme 作为"联名王",领域涉及车、体育运动、玩具、食品及鞋、箱包、首饰等各个行业品类,与个人的联名包括艺术家、音乐家、摄影师、电影制片等行业人士,合作之人多到根本数不清记不全,但是每次的联名合作产品都依然引来疯狂追捧,都在瞬间售罄,例如与 RIMOWA 合作的旅行箱 34 秒售罄,其中 28 寸红色款卖光只用了 17 秒;头版只印了个 LOGO 的 Supreme 与《纽约邮报》联名特刊被哄抢,1 美元一份被炒到了 40 美元。甚至 Supreme 还有一些没什么真正用途拿来作为摆件更适合的产品,诸如砖头、榔头、双节棍等,但都限量发售且价格不低。

Supreme 之所以如此火爆,与其借力各大品牌跨界联名,善于借势社交媒体传播,制造潮流、明星效应等因素紧密相关,这种独到的运营和推广方式使 Supreme 不断成功,如今成为象征街头流行文化的潮牌。与此同时,Supreme 也吸引了各个品牌品类纷纷与其进行合作,而且几乎每一款联名品的价格都高于原价,价格翻倍甚至达几倍之多,但是根本不用担心销量问题,因为印上的 Supreme 标志,就是卖爆的保证。

旺仔×TYAKASHA:再看我就把你穿上

以旺仔牛奶为设计元素的 TYAKASHA(塔卡沙)联名系列,区别于

TYKASHA 这个本土原创独立设计潮牌以往的风格，宽松廓形的卫衣，反光材质和串标元素，在配色选择上以大红、纯白、深黑为主体，既不让人觉得眼花缭乱又简洁明亮，别具一格，充满个性。联名系列包括从头到脚的帽子、T恤、卫衣、毛衣、裤子、袜子等服饰，让大家纷纷调侃"再看就把你穿在身上"，那件大脸旺仔红色毛衣刚上线即被抢光。

旺仔这个微笑男孩形象，诞生至今已有四十余载，面对产品线单一，品牌老化，尤其来自其他竞品市场冲击的"中年危机"，旺旺选择走品牌年轻化和品牌IP化之路，并通过近两年频频跨界联名的营销动作，例如旺旺与自然堂联名的旺旺雪饼气垫粉饼，旺旺与奈雪的茶联名款，成为新一代的网红。不仅如此，旺仔还跨界进入了料理和家具等领域，试图将品牌打造成那个最靓的仔。

大白兔×气味图书馆：快乐童年香氛

大白兔与气味图书馆联名推出"快乐童年香氛"系列产品，包含奶糖味的香水、香氛、沐浴乳、身体乳、手霜等6大跨界产品。一开场，限量610份的气味图书馆×大白兔香氛礼包，3秒钟即被抢光，销售排名为香水行业No.1。其他周边香氛类产品，在天猫售出14 000多件。而孩子气抓糖机也出现在全国11个城市，吸引了众多消费者排长队围观尝试，场面火爆。此次跨界，#来点孩子气#、#大白兔香水#等微博话题冲入热搜榜前五，总阅读量很快破亿，讨论量近10万次，众多明星也被吸引来参与热议，抓糖机线下参与人次也达10万以上。

被誉为"国民奶糖"的大白兔，到2019年已是其品牌诞生的第60周年。面对不断被竞争对手挤压的市场份额、产品线单一增长乏力、品牌老化等问题，大白兔近两年营销动作频频，在此之前已不止一次作过跨界联名了，例如与法国服装潮牌agnes.b跨界定制糖果礼盒，与太平洋咖啡联名推出大白兔牛奶味拿铁，与美加净推出大白兔奶糖味润唇膏,还与快乐柠檬跨界开了一家大白兔奶茶店,大白兔期望通过重新赢得现在年轻消费群体青睐的方式,为品牌年轻化助力。

英雄×Rio(锐澳):肚里有墨水,敬你是英雄

锐澳联合英雄墨水推出了鸡尾酒墨水礼盒,礼盒内有两瓶鸡尾酒,一瓶英雄202蓝黑墨水,一个酒瓶造型的开瓶器,以及一个"英雄墨水瓶形酒杯",销售口号也喊得响当当——"肚里有墨水,敬你是英雄"。预售当天,3000份的礼盒,一分钟卖光。

此番联名的两个品牌,英雄已90岁"高龄",为了让老英雄焕发新活力,品牌试图在跨界联名中找到灵感,譬如与卡地亚设计师共同创新设计推出英雄钢笔,与科幻电影《流浪地球》合作的定制款钢笔在线上大热,这让英雄看到了品牌年轻化的更多可能性。

而对于锐澳来说,这已不是第一次敢为人先了,例如前文提到的与六神推出的花露水鸡尾酒。面对消费者不断变化的口味需求,品牌通过不断的意想不到的跨界尝试,赋予产品新鲜感,让品牌能够持续新鲜活力。

奥利奥×朕的心意·故宫食品:中华六味,"启饼皇上"

饼干界头号跨界玩家奥利奥此次与故宫"朕的心意"合作,推出宫廷茶点"中华六味"联名款系列——蜜制红豆酥、荔香玫瑰糕、古早山楂糕、真香绿茶糕、潮式叉烧酥、辛香胡椒饼六种风味,每一款都蕴含着文化历史故事。而"启饼皇上"礼盒中还有包括茶杯、茶碟、点心碟、奥利奥玉玺、朱砂印泥等"朕的心意"茶宴套装;而经典音乐盒也推出了"朕要听音乐"特别版。

此次联名包装的创意设计源自故宫馆藏绘有品茶观花之景的《雍正十二美人图》,以中国水墨和传统纹样元素与当代流行设计风格的创作融汇,古典韵味与品牌调性相得益彰,每款小包装上还有故宫式经典文案。而奥利奥故宫食品中西礼盒，包装则采用了祥云元素及插画形式，风格中西碰撞，口味甜咸相佐。联名产品所展示的皇帝巡游场面及宫廷下午茶，对现代生活方式来说，有一种较强的代入感，让人感觉仿佛一下子跨越千年，古今文化碰撞就在眼前。联名产品这种方式也对"一饼融尽天下味"的理念进行了更好的诠释与传播。

奥利奥不仅通过联名将故宫元素融进了产品，还用饼干搭建了一座紫禁城，历经 26 天时间，10 600 块奥利奥仿佛一砖一瓦般构建再现了太和殿、日晷、石狮等 600 年故宫神采，规模宏大，造型精美，令人叹为观止。

在此之前，奥利奥曾与《权力的游戏》联名推出限量权游主题饼干，包装设计结合了权力游戏的风格和元素，同时还共同推出了奥利奥版的片头，制作过程中一共用了 2750 块奥利奥，再现维斯特洛大陆不断变幻的景象，堪比史诗级大片，在社交平台获得无数好评。

奥利奥虽然已是百岁以上的高龄品牌，但一直以来秉承"玩在一起"的品牌精神，通过口味和包装的不断创新，拓展新的产品线，迎合目标群体的口味需求，与不同领域行业的品牌跨界营销，例如与完美日记、安卓、Supreme 等合作，开发新的消费场景，不断扩大目标受众群，带来新鲜的体验，同时制造话题，提升品牌影响力。而故宫近年来也通过与各行各业的跨界合作，将中国传统文化与时代潮流趋势融合，将自身打造成为现在最火爆的超级国潮文创 IP。

999 感冒灵：感冒药变"裤"了

999 感冒灵出圈做服装了，官宣——"正式进军时尚界"。设计了四款 999 高腰秋裤上线，高腰高到穿上后"脖子以下全是腿"，感冒药暖暖的很"附体"。炫"裤"（炫酷）的设计，加上玩"梗"的广告文案，产品瞬间火爆，话题很快登上热搜榜，微博相关话题阅读量达到 1.3 亿次，网友纷纷表示"腿长 2 米""好潮、好摩登、好想拥有""哪里有卖"。

虽然999感冒灵的秋裤跨界非常标新立异，但是从品牌广告语"暖暖的，很贴心"层面看，却并无违和感，999感冒灵一直以来在持续不断地传播"暖"的概念，品牌营销围绕温暖、关怀的情感属性进行开展，通过洞察消费者心态，从与生活息息相关的各类场景引起共鸣建立关联的方式，多元化打造品牌的暖心生态，秋裤跨界不仅契合999品牌的温暖属性，同时还使品牌形象向年轻化迈进。

999感冒灵跨界秋裤产品被很多媒体评为2019年的跨界经典，进入2020年后，999感冒灵与拉面说的又一次破次元的跨界联名操作，再次成为年度刷屏热点，被网友戏称为"活久见"。

999感冒灵携手拉面说的"暖心鸡汤"联名礼盒，打造了虫草花鸡汤和草本猪肚鸡两款鸡汤拉面。礼盒的包装视觉形象延续了999感冒灵的主设计配色，里面除拉面外，还配有三款创意周边产品——"吃货门诊·簿"简易手账本、"通运·贴"手机防滑贴和"立刻有冲·剂"随手冲茶包。

定位为高端、健康速食产品的拉面说，此次与999联名，意图借助999感冒灵为其品牌背书，打破方便面长久以来在人们心中留下的低价、非健康食品的刻板印象。

而"暖心鸡汤"联名礼盒可以说一如既往地延续了999感冒灵"暖心"的营销策略，除此之外，这次破圈之举也为了尝试进军食品快销领域，999品牌希望借此摆脱同质化的市场激烈竞争，向其他行业试水，拓展上下游产业链，寻找新的利润增长点，赋予品牌新的价值。

茶行业如何跨界联名引流变现

老字号、新国货纷纷加入国潮行列,各行各业都搞起了跨界联名合作,品牌们在寻找自己的另一半,而传统茶行业却还在自己的舒适区里故步自封。

"我的茶这么好!""跟我有什么关系?"

看雨、抚琴、品茶,一天时光就这么过去了——看到某茶店老板发的朋友圈,一边艳羡老板总是悠闲恣意,一边心中不由得在琢磨,这么清闲,难道茶店不要做生意吗?还是做了单大买卖?抑或,根本没有生意做?

各茶群里每天都会有人发问候早安的表情图,到了节庆时候会更多些,这种大都没什么设计感千篇一律又占空间的图片,发出来有着一种不走心的敷衍,还不如就直接打上"早上好"三个字来得更真诚。

每到逢年过节,茶老板们纷纷在朋友圈发茶礼盒,各种款式的包装,看着都很有特色,却又没觉得哪个更特别,很多用的是通版包装,最后成交拼的很可能是彼此的价格,或者谁的人缘更好。

这是有段时间我在茶群里看到的一些自媒体的标题:茶树是灌木还是乔木?茶树的有性无性区别何在?普洱茶的叶底究竟看的是什么?喝茶要不要看懂茶渣?你泡的茶为何水味重?……对内容无感,我没有去点击链接,所以也不知道文章有多少访问量。其实不仅是这一段时间,茶群及朋友圈几乎绝大多数做茶者或相关者，发的内容一成不变，差不多都是类似于此的，抑或茶、茶具、泡茶的图片，说这款茶有多好怎么好喝喝了如何如何的文字。

我想说的是，茶树灌木乔木有性无性，一般喝茶人会有多在意这些？喝完茶茶渣顺手就扔了，有多少人会关注它？只有那些专业级或深度喝茶人，而且是当这个茶渣值得去观察的时候才去关注它。喝个茶搞得跟植物教学甚至学术研究似的。我非常疑惑的是，这样的内容，对大众消费群体究竟会有多大的引流效果？甚至，能引流吗？我们如果仅仅靠这种内容引流，怎么变现？大众无感，专业的也无感，那么然后呢？

引流，吸引的是目标消费人群；变现，要消费者掏钱买茶。可是，茶老板们自己觉得很美很生动很有格调很有文化，但实际上看着风格调性内容都差不多的产品图文，就像不管泡什么茶手法都一成不变的茶艺师一样，没有差异化，没有个性化体验，怎么会引发消费者心动进而行动？

现在不是前店后厂卖茶的时代；不是店主坐在店里，消费者就可以上门买货的时代；也不是逢年过节忙几天礼品茶，其他时间即使闲着都赚钱的时代；也不是靠讲故事贩卖茶文化，消费者就会买账的时代；也不是把茶包装一下办两场茶会，茶就会卖光的时代。

所以，如果还是千篇一律的套路，你说你的茶如何如何的好，每天群里发个表情问个早，那么能吸引来的只会是，光蹭光说却不掏钱买的那一群人。即使茶还是之前的那个茶，店也还是那些店，但马连道的人气，却再也不能复刻从前的人气的马连道。

因为，时代变了，环境变了，消费者也变了。

如今茶行业不缺好产品，消费者也不缺识别好产品的慧眼，缺的是，如何让它们与他们彼此遇到，"茶香更怕巷子深"，问题不是巷子深不深，而是能不能让消费者找到你想要他们去的那条巷子，甚至是，他们已经知道了巷子在哪儿，那么如何吸引他们心甘情愿地前往。

"创新中国茶 2020·年度论坛"的主题是，打破边界，重新定义中国茶。如何打破茶行业边界，譬如说，茶企可以跨界。

印象中茶企茶商"跨界"经营并不鲜见，我们经常可以在茶城中看到主营茶叶的店铺，同时售卖水果食品、土特产、红酒白酒、玉石文玩、服饰陈香、古琴等，与其说跨界，其实更像是一间间杂货铺。茶行业更为常见的做法是，店铺里茶与器兼售，看似二者互补的结合可以同时满足消费者喝茶各环节的需求，但实际上，双方在渠道、目标消费群等方面，存在着很高的重合度，这种传统单一的产品形态与销售方式，也不会产生新鲜的玩法，未必会为店里引流，为双方带来更高的销量，因为很可能消费者已经习惯了从这家店里买了茶叶后，去另一家卖茶具的店里选择杯子，因为在很多消费者的消费心理锚定中，你的茶好、价格公道，但你的茶具未必。

传统茶行业在跨界联名方面这两年也应该做过很多尝试，但至今与其他行业相比，并没有什么可以引发广泛关注的经典案例，而新茶饮却做得风生水起。究其原因，单就品牌与产品层面而言，一是传统茶行业并没有多少知名品牌，实力不对等联名往往是为对方做嫁衣，同时茶产品无论在形象、物理形态以及感官等各方面都缺乏个性化与辨识度，包装去掉标识给谁家用都差不多，所以基本上很难提炼出代表产品特征的视觉符号，以及彰显自我形象和价值的核心利益诉求点，难以与联名方产品进行融合创新价值；二是在产品消费群体方面，传统茶产品，相对为年轻消费者所钟爱的新茶饮，明显趋向老龄化，如果期待通过联名的方式使品牌调性为年轻消费人群所认同，从而实现品牌年轻化的跨界联名目标，则需要长期的、专业的、持续的营销规划与实施，而传统茶企显然在此方面缺乏认知、专业能力、市场策略和推广投入。

还有些联名操作没有取得成功，原因在于茶企把跨界想得过于简单化，以为联名就是与另一家企业合作，推广自己的产品并让产品卖得更好；但在跨界前茶企并未对自己与对方的品牌及目标消费群进行分析，并没有为联名产品赋予新的价值与体验。

那么传统茶企就不能做出打破传统茶产品固有形态、创新价值，具有新鲜体验，引发年轻消费者兴趣的跨界联名产品吗？答案当然是完全可以实现的。

2020年疫情期间，在某茶群直播，讲到关于传统茶产品的深加工及衍生品时，我曾建议茶企与口罩品牌合作，开发一款含茶过滤层或者茶多酚杀菌成分的口罩产品，推向市场，哪怕更简单一些，与口罩企业联名合作，生产既起到防护作用，又体现茶的养生保健理念的产品——相比炒作茶细胞外抑制病毒的实验来卖茶，这种操作更落地又有市场时效。除了口罩外，茶企也可以效仿大白兔，推出茶味香水、香氛、乳霜等跨界产品。群里的某位非从事茶行业的群友，觉得我的建议非常可行，于是相继找到茶企，期望能够将建议付诸实施。让他没有想到的是，茶企从业者根深蒂固的传统做产品思维，认为这根本不可能，直接拒绝了他。

我们回头看茶企的产品形态，基本上几十年都没有调整过，即使市场供需变化、时代潮流变换、消费人群换代，茶企根本没有意识到，也没有去思考，如何改变茶产品的形态和饮茶方式，以满足现在消费群体的需求。这几年新茶饮大火，却遭到一些传统茶人的抵制甚至攻击，而他们根本不知道奶茶对于年轻人的社交属性，年轻人不仅仅是为了喝它。

在当前的市场状况下，品牌希望通过迎合潮流趋势，借助跨界联名与国潮营销的两大热点现象，制造话题引流变现，唯恐自己的创意不够，品牌组合反差不够巨大，不能让人眼前一亮耳目一新而淹没在众联名产品中。而茶行业即使生意越来越不好做，却依然沉得住气，或者说大多还很被动，并不去关注如何改变如何创新，哪怕面对跨界联名这股营销热潮。

所以，茶行业的跨界破圈，首先要破掉思维观念里那个陈旧的"界"，就像《中华合作时报》赵光辉的一篇文章里一段话描述的那样："茶产业自然地、没有觉醒地用农业文明的思维来看待和处理市场，也无法避免地'残缺'现代市场需要的'市场导向'和'消费者意识'。"

茶行业如何跨界联名

产品 × 产品

将茶产品的品饮、功能、文化等比较突出、特色鲜明的一个或者多个元素，与联名合作产品进行融合，在物理属性或者视觉、味觉等方面衍生出创新的产品，而不是仅仅流于包装设计等表面形式。

例如，某黑茶品牌与英雄牌墨水跨界合作，推出一款联名新产品，如果仅仅是产品盒里放了一块茶砖和一瓶墨水，外包装借助一些视觉元素进行了一番设计，那么这种跨界联名只是一种表面的噱头；但如果是通过创意融合，推出了一款类似锐澳鸡尾酒与英雄墨水那样的联名产品，以"做一个肚里有墨水没油水的好汉"为产品主题，那么这个联名产品才会给消费者带来全新的喝茶体验，很可能会产生意想不到的市场效果。

品牌 × 个人

茶品牌和不同的行业、领域有知名度、影响力及粉丝基础的名人、明星、艺术家、设计师、网红合作推出联名茶款，借助明星、网红的人气流量，艺术家的行业影响力，打造现象级或限量版的联名产品。

譬如，与周杰伦联名打造一款"爷爷泡的茶"，因为周杰伦曾演唱过一首歌曲《爷爷泡的茶》，歌词里既有茶文化的传承韵味，同时又表达了家的亲情——"爷爷泡的茶 有一种味道叫作家";除去周杰伦本身的明星影响力,这个联名款可以在中秋、春节期间与人们的思乡之情相关联,从而成为馈赠亲朋最适宜不过的礼品。深受年轻人喜爱的二次元歌手封茗囧菌,也演唱过一首《功夫茶》,茶企茶商如果与封茗囧菌联名,是不是可以让90后爱上你的"功夫茶"?

针对普洱茶饼千篇一律没有特点的包装设计问题,茶企完全可以与艺术家、画家合作,推出主题性的涂鸦或插画设计作品联名款;也可以与体育冠军合作,打造联名款"冠军"茶;或者与音乐家、歌手联名推出"CD唱片"茶饼。又譬如作家书籍的联名茶,我在另一本书《和一杯茶邂逅》出版之前曾经构想过,某一家茶企可以来谈合作,我们共同推出一款联名普洱茶砖,就叫"邂逅"。再譬如,做黄茶的茶企,如果与我本人联名推出一款"黄大"茶,一定非常有话题性,相信一定会非常抓眼球。

品牌×IP

这是茶企茶商跨界中,联名着力点最不好把握的一个层面。根据茶产品的利益点找到契合的IP,才能实现跨界的营销目的。备受关注的超级IP,虽然可能带来巨大的商业价值,但首先也要付出高昂的投入成本,绝大多数茶企承担不了,也不敢去尝试。同时,与IP合作过程中,挖掘价值契合点,并以此为基打造内容,才能赢得原生粉丝的追捧变现,而这种能力,也是茶企尤为欠缺的。

品牌×渠道

通常茶产品的渠道终端都为茶城、商超、酒店,那么为何渠道不可以从原有的常规、固定的平台破圈,跨到看起来完全不相干的行业领域,借助合作方消费群体的资源进行流量互导呢?譬如,加油站、游乐场、体育馆……

第四章　场景消费

——功能+场景+体验，消费空间的人、货、场重构

"出来看电影？""不。"
"出来遛遛弯？""不。"
"出来喝奶茶？""五分钟！"

"以茶会友"——用奶茶把"万年肥宅"的朋友从家里勾出来,这可以说代表着时下年轻消费群体的一种观念和现象,他们不"佛系"也不"丧",叫着外卖、打着游戏,享受着"肥宅快乐水""肥宅快乐事",约吗?一杯奶茶,叫个滴滴,骑辆共享单车,皮皮虾我们走。其实,奶茶对他们来说,也是排遣式进食,之所以要喝它,只是因为那些网红奶茶店都很火,所以自己手握哪家的奶茶不重要,重要的是进行下一步动作——拍照、自拍,发朋友圈!

排队、买单、拍照、刷朋友圈,这差不多是年轻消费群体消费各种"网红"美食、饮品清一色的过程;东西好不好可以再说,但"拍照、发朋友圈"一定要有,即使不能亲自前往,也一定要叫个外卖送到家里。

移动互联网的发展,让消费的地点有了无限的可能,家、办公室、地铁、停车场甚至途中,没问题,都能安排上,你在路上遇到堵车,饿了渴了,叫个外卖也可以送到。推而广之,不仅仅是外卖,各种购物消费需求,完全可以在包括上述场所的任何一个空间里无缝对接。换句话说,伴随互联网长大的这一代年轻人,以及移动互联时代的到来,已经让购物消费,可以在任何一个生活场景下产生需求,并得到满足。

与此同时,新零售时代,消费体验变成了体验消费,线上可以在任何场所完成消费行为,而在线下,人们更愿意为消费场所带来的体验付费,这个体验过程变成了一个"产品",消费者花钱买到的是一种生活感受、一种身份象征、一种文化体验、一种精神享受,而不仅仅是单纯的某一款商品。

也就是说,激发消费者购买动机的是,复合了功能+场景+体验三大要素,创造了消费的可能。

消费已经从之前的基本消费需求,即解决基本生理和生活需求,转变为意识消费需求,即满足心理需求。

超出物质消费需求的满足，成为消费者的消费追求，更多地表现为一种意识上的体现。更形象地说，消费者已不仅仅是需要奶茶、拍照、看电影等，他需要的是休闲、社交、文化等。

而产品的提供者厂家、商家终端，就需要洞察消费者意识层面的需求，为他们提供相应的产品物质需求升级后的精神满足。同时对于商家来说，这也是一种全新的挑战。

因此，传统消费领域中的"人、货、场"的连接顺序发生了变化。对作为连接"人"和"货"的关键环节的"场"进行重构、打造，通过场景设置、组合、运用，基于更深度的洞察，从消费需求出发，营造出相应的调性氛围，让消费者产生沉浸式的代入感，将产品或品牌抽象的功能及价值具象化、形象化、可量化，使消费从单向的购买选择，变为双方的沟通互动。而在产品本身之外的消费过程中的体验，则成为一种感官享受。

狭义的消费场所，融入场景化创新营销模式，成为多维度的广义空间触达消费者，商场变成了篮球场、户外营地、露天影院、市集、演唱会舞台，从而吸引目标客户，潜移默化的消费引导，让消费者得到精神层面的满足，继而在场景中自觉主动消费。

静安大悦城的创意商业新模式——"移动大悦城"，与上海草莓音乐节跨界合作，带来商业空间新玩法，引入了28家头部网红品牌，在2019年4月的音乐节现场，为期3天里，移动大悦城带来了累计客流量6万多人次，销售额超过81万元。

同为上海静安大悦城的"告白气球"原创艺术展，在2017年及2018年两季，累计观展客流超14万人次，1.0展期间，每天平均人次达2200，商场累计客流量相比2016年同期增长10%，累计销售额同比增长38.5%。

所以，要实现场景化的体验消费，产品及商家应该具备场景化的思维，洞察目标消费群的需求，包括他们的购买消费习惯、生活、工作场景、出行轨迹等，根据大数据分析结果，集合各场景元素综合思考，制定场景化营销方案，提供针对性的产品和服务。

近年来移动互联网和智能设备的高速发展带来的购物场景的碎片化，对商家建立消费体验场景提出了更高的挑战，同时也带来了更多的机遇。

2017年"新零售"概念应运而生，通过线上虚拟空间和线下物理空间的对接、融合、切换，形成了以消费者为中心、连接各方的更加多维丰富的消费空间，通过情景模式的再造，实现从商品的聚集到目标人群的聚集的转变，把传统的商业卖产品，升级为卖场景，通过经营客流量，将其转化为商品销量。

即使是相同的业态，也可以通过场景的差异化定位，吸引不同的目标客群。例如同样是大悦城，上海静安大悦城的定位为"魔都爱情地标"，通过营造摩天轮、告白气球展这样的场景，引入以"爱情"为卖点的品牌和服务，对目标客户群产生潜移默化的消费引导；而长风大悦城的场景定位是"她的理想城池"，是"可以穿高跟鞋遛娃的地方"，在相关场景营造和功能设计上，既强调职场生活（"高跟鞋"），也注重亲子体验（"遛娃"），吸引职业女性、女主圈层人群来拍照、发朋友圈，进而将其转化为消费行为。

而苏宁，通过线上互联网与线下全场景融合，从业态、场景和业务等层面布局，围绕消费者的场景需求完善出一个零售生态圈，让消费者在任何时间、任何地点都可以获得服务需求得以满足的场景体验。苏宁小店，通过苏宁菜场、生活帮、社区金融、苏宁有房等服务融合，打造成集餐饮、购物、休闲娱乐互通的一站式场景；苏宁极物，联合网红属性业态如书店、文创潮玩等，通过新潮娱乐的生活方式，吸引年轻群体打卡。

针对目前疫情常态化，将线下的实体，通过场景化融入创新营销模式，发展融合线上渠道，构建"新消费场景"，将成为未来的场景消费模式，尤其是对于传统的茶行业而言。

第四章　场景消费　——功能＋场景＋体验，消费空间的人、货、场重构

场景消费

场景

场景，最初是指影视拍摄的"场合＋情景"，包括时间、空间、道具、情节、角色等要素，后延伸到实体经营的场景营销。从用户角度，场景可以分为消费场景、用户场景和使用场景。

场景自互联网诞生以来，已历经两个时代的变革，即PC互联网场景时代、移动互联网场景时代，目前正在进入万物互联场景时代。

场景，是一个包含了人、物、行为，并彼此关联、影响的物理空间，通过空间内的环境元素、他人行为，对消费者行为产生相应的影响与反应。场景的改变，会带来消费者行为模式的改变。因此，可以通过设置场景的模式，来影响、改变消费者的行为模式，即制定经营策略，选择需要的场景进行信息传递，达到产品推广销售的商业目的。

消费场景

也称为需求场景，包括场景及与之相对应的目标消费群体，是商品方与需求方达成交易的路径总和，即消费者和产品发生购买、服务等交易的具体场所，明确顾客在什么情形来使用产品或服务，场景包括商场、超市、店铺、市集、网店、商业街区、商圈等场所与配套环境等。在消费场景中，消费者能够感受到商家所呈现的具象化的商品、

服务、场所、人员等。它是一个真实可触摸的现实世界，里面包括环境、人、物、行为、故事等。消费场景包括线上（虚拟）场景和线下（实体）场景。

消费场景通常分三大应用场景，即空间场景、情绪场景、时间场景。空间场景在市场应用最多，产品首先要考虑空间场景的应用；情绪场景，更适合饮品、服饰等时尚类消费品，针对年轻的目标群体，他们在消费时，更喜欢自带情绪的表达，例如江小白，喜茶；时间场景，例如感冒药"白加黑"，白天吃白片不瞌睡，晚上吃黑片睡得香。

场景消费

场景消费的概念，最早在20世纪90年代就有人提出。简单来说，场景消费是人们通过看、听，感受整个场景氛围与自己想象中的场景完全吻合，满足自己的心理需求，从而引发消费行为。在场景消费中，物品的功能、人对物品功能的印象和情感等，都可以成为消费对象。

场景消费，通过对生活的模拟化和剧场化，将产品融入一种消费理念或者时尚潮流之中，让消费者仿佛置身于影视剧中的一个个场景，成为故事的主角进行表演，满足消费者感受整个场景氛围的心理需求。

在消费场景中，商品成为模拟的一种生活方式中的一个符号，消费者体验消费场景，并会借助产品来设想自己具有了不同的生活方式和自我，在这种消费形态中，成为消费对象的是物品的功能，人对物品功能所具有的印象，以及包含人与物相互关系的时间与空间，这种消费形态，就是场景消费。

这和过去只是单纯购买东西、满足需求这种具有明确目标的实现过程不同，消费者所购买的不仅是产品本身，而且是由物品所能联想并实现的场景。

零售发展从以沃尔玛为代表的 1.0 零售业态，到 2.0 电商时代的业态，再步入如今以消费者为核心的 3.0 新零售时代，场景化消费可谓正在深入消费者的心灵。

消费场景化，是分析消费者使用产品的场景，及场景下各异的个性化需求，即消费不仅买的是产品，还包含通过场景氛围营造烘托的消费者的体验感受等更多维度和更深程度的附加值。

茶企茶商在对茶产品进行推广销售时，我们看到他们的分类筛选标准通常是，区域、品种、产地、树龄、年头、口味、价格等，并没有"按场景品饮"这种分类方式——哪款茶适合家庭、哪款适合办公、哪款适合宴请聚会、哪款适合旅行、哪款可以独享、哪款用来团建等，让有相关需求的目标消费者可以按此进行有针对性的选择。

现实需求中，对茶，很多时候消费者已经从传统的分类选择，升级到对相关场景的品饮，表面上他们在品种、包装、价格上进行挑选取舍，实际在内心里，浮现的是这款茶更适合的场合情境，是在家里牛饮，还是约几位茶友品鉴，抑或举办茶会分享，或者赠送客户，很多时候这将成为他们最终是否买下这款茶的决策。但是茶企茶商对于产品推销的思维模式，还只是传统的产品、价格、包装逻辑，所考虑的消费者的体验感，也只是香气、味道、汤色如何，几乎很少洞察到场景下的消费需求。所以，市场上也就很少见到那种按场景需求定位的产品，如办公茶、旅行茶、家庭茶等。

场景定位这一点，我们的茶产品，做得远不如英国的茶产品，例如早餐茶、下午茶、睡前茶，分为不同的时间和场合饮用。我们的茶叶能不能在早起喝、饭后喝、睡前喝？当然没问题，咖啡可以设置早上起来以及下午犯困情景下，喝上一杯清脑醒神，茶叶同样有此作用，更何况茶的效果比咖啡有过之无不及，但是没发现国内有哪款茶产品是如此以场景化来定位的，这样定位对于上班族来说，肯定很有卖点。

场景营销

场景化是传达市场定位的有效方式，在场景中可以将品牌或商品的价值生动、形象化地展现出来，更好地吸引消费者，与消费者的需求建立连接，从而实现商业目的。

场景营销，是以目标消费者需求为中心，深度剖析购买、消费的真正目的及意义，是对所要获得的产品核心价值和利益主张的展现，以及对人生态度、生活方式的诠释。场景营销赋予产品可购买的价值与意义，从而赋予消费者购买的理由，引发消费欲望。场景营销通过时间、空间、人员、道具、产品、活动甚至文化、艺术、科技等元素，打造沉浸式代入感，使产品、品牌价值更具象化、体验化，给予其更新颖、愉悦、深度的体验，与目标消费者产生交流互动，引发他们共鸣、共情，从而激发他们将潜在需求转化为购买行为。

例如消费者购买家具的场景，以前传统的商城是将单品类的家具如沙发、茶几、桌椅等堆放在一起，消费者挑选对比非常花费时间、精力和脑力，而宜家，通过把床、电视、衣柜、灯具等进行组合装饰，打造成卧室、客厅的样板间，让消费者可以身临其境地感受这些家具搭配组合在一起后为家里所营造的生活环境、情调氛围，从而触动了他们想立刻购买下来的欲望。这就是作为商家的宜家，给消费者构建了一个个"家"的场景，通过这些场景，引发消费者购买家具的行为。

场景式营销属于体验式营销的一个细化范畴，如果产品本身带来的体验不足以令消费者为之买单，那么建立一个契合的关联场景，以环境氛围进行烘托，为消费者呈现拥有后的价值，打动其内心的情感，那么消费者买下这件产品便成为接下来的具体行动了。

场景式营销也可以针对同一产品的不同目标消费群体，通过场景设计的细分，引发消费者不同场景下的需求，从而去选购产品。譬如同一品牌旗下的服饰产品，可以细分为"职场""旅行""约会""居家"等场景，让消费者感受依据不同穿着场合进行选择搭配的体验。

对于如何定义场景式营销，有营销专家认为，它是指在销售过程中，以情景为背景，以服务为舞台，以商品为道具，通过环境、氛围的营造，使消费者在购买过程中口、耳、鼻、眼、心同时感受到情感共振式的体验，通过情景来触发消费者的购买欲望，激发消费者的共鸣，进而促进产品的销售。简而言之，就是以场景来触发消费者的购物欲。

场景化营销必须要对场景进行洞察，深入挖掘不同场景下的需求和痛点，为消费者提供解决方案，建立产品、品牌与场景的强关联，诱发、引导、抢占消费者的心智。消费场景洞察，可以影响品牌的各个层面，包括产品、服务、体验、营销甚至商业模式。

场景化营销要求营销人员必须具备场景化思维方式，即从用户实际需求出发，集合各种场景元素综合思考的一种思维方式。品牌需要通过大数据去分析、总结人群消费、出行、生活的场景轨迹，为目标人群在特定场景下提供相应的产品和服务，以实现最佳的体验效果。

因此，无论在线上还是线下，为消费者打造超值体验的场景，是未来商业制胜的关键。在移动互联时代，场景已成为产品竞争的第一阵线，场景解决方案成为销售的核心动力，定义和创新场景是企业赢得市场的新锐武器，可以说场景力就是竞争力。

消费体验

目前的消费需求，已经从满足基本需求、重视消费品质升级迭代到关注消费体验，在当下的消费环境下，消费者不仅注重基本需求是否得到满足，以及商品品质如何，而且还关注不同场景下购买商品的消费体验。因此传统的商品推广方式，只能满足消费者的基本功能性需求，难以达到迭代后的消费需求标准，尤其是在消费体验层面。

在消费体验中，消费是一个过程，当消费结束时，除了商品本身外，还有对过程的全部感受，如环境、氛围、配套、服务、身份、心理、情绪等等。当消费重点从产品、服务向体验转向时，消费虽然仍是以传统的商品与服务为基础，但是其中蕴含了体验的价值。这种消费体验，不论在终端场所还是在网店，消费者都能获得感官的愉悦和消费满足。

人们对各种网红食品饮料的消费过程，例如奶茶，其中"拍照、发朋友圈"的"场景消费"，可以说是体验消费的一种升级。

目前随着茶产量每年持续增长，各类茶产品库存同时也都在增加，茶产品生产加工大多还是基于满足消费基本需求功能的商品，这种方式与目前上升到精神需求层面的消费形式还有着一定的差距，虽然通过"琴棋书画诗酒茶"升级了"柴米油酱醋茶"，但大部分茶产品，与已形成的健康、娱乐、休闲、社交、文化等消费主流中的需求相比，还未完全满足休闲、社交、娱乐方面的消费体验。

因此茶产品应该从功能＋场景＋体验三个要素——从产品到终端茶城茶店，集合功能、场景、体验——来实现消费者的精神意识消费。

在现如今的市场环境下，茶如果仍是仅仅满足人们对茶基本功能的需求，则会越来越不容易引发消费者的购买欲望，所以茶企茶商要结合当前人们的消费关注点，融入相应的场景，通过打造有特色的消费体验，为茶产品价值再现赋能。传统茶行业完全可以借鉴在此方面做得更好些的咖啡和酒类产品，尤其是借鉴重视顾客体验、店面场景管理及品牌打造的新茶饮。

茶空间与场景消费体验

作为"中国茶叶第一街"的马连道,有那么多茶城茶店,为何至今一家网红店都没有诞生?

人货场的转变与消费动线的导引

如果把马连道茶叶一条街,微缩成一座茶城,它的格局就仿佛一条长长的南北通道,两边是大大小小的商铺店面,从这座茶城的正门,也就是马连道北口进来,沿着主通道一路逛下去,最终大多数人再返回正门离开,当然,在它的四面都有大小的通道出口。

如果真的把马连道微缩成一座茶城,逛下来会发现,里面的顾客动线设计、消费空间、消费体验,对于现如今马连道的状况来说,它的弊端已经越来越突显。弊端包括,茶城并没有根据茶与茶具以及关联产品进行科学分区,茶城里也没有任何导引系统、购物指引,没有其他配套的消费设置。对于目标客群而言,依旧是传统的商业空间和购物体验,进到茶城里一家家店逛下去,靠感官判断和经验寻找自己想要的茶叶、茶具,如果想品茶买茶,那么坐到茶座旁,让老板找来茶或者根据推荐做品尝。

在当年马连道作为一个辐射北方市场的茶叶批发中心时,"货"是它的"人、货、场"的链接主体,老板在茶店这个场中,坐等批茶商直奔店铺,达成交易走人。

但是近几年来，马连道的功能正在由茶叶批发逐渐转型升级为文化、品牌和服务消费，那么，目标消费群的需求已经不仅仅是传统的茶产品品饮体验，休闲、娱乐、社交、文化等带来的附加值，成为更高层面的心理精神上的追求。

那么它的不足、缺陷越发亟待解决，对于并不怎么了解甚至是几乎没有来过马连道的购茶者来说，从北口进来，他一定是一脸新奇又迷茫，因为，这么多茶城、茶店，竟然找不到任何指示图、路线图，也没有问讯处，想找一款茶，几千家店，怎么探寻得到？

如果可以把马连道看作一个北京的茶叶文化景区，就像如今的潘家园、南锣鼓巷及798一样，那么，马连道连一张像样的旅游地图都没有，甚至网上都找不到什么详尽的攻略，能搜索到的信息，大都是很多年以前的了。

被誉为"中国茶叶第一街"的马连道，可以说是散落在城市各地的茶城、茶店的典型代表和缩影，面对当下"新零售"业态带来的冲击，以及现代消费者购买行为的巨大改变，传统茶产业的实体经营者们，似乎还没有做好迎接新环境、适应新市场、满足新需求的准备。

书店、图书馆的"后书店时代"，对茶店新玩法的启发借鉴意义

对此，茶行业可以对标书店、图书馆：从传统实体业态到如今的"后书店时代"，如何通过新潮的玩法和创意，跳出单一卖书业态，向文化和生活概念延展，再度鲜活蓬勃起来。它们的兴衰起伏，它们面对市场的新玩法，对于茶店来说，或许有很多启发和借鉴意义。

随着网购的兴起，在基于互联网而生的电商大潮冲击下，利润空间压缩、电子书，不断侵蚀实体书店市场，改变了消费者传统的图书购买模式和阅读体验。

从 2002、2003 年起，十几年间，曾作为城市文化名片的实体书店，纷纷陷入困境，即使是"新华系"的国有书店也倍感经营压力，而民营书店的经营生存之路更是举步维艰，风入松、光合作用、万卷图书城、武汉豆瓣书店等书店相继关闭停业，在最低谷期，全国有近八成的实体书店关店、倒闭。

面对新零售时代的来临，90 后成为主力消费群体，传统实体书店的生存空间被挤压，那些在这些困境面前不断反思，跳出传统经营模式，另辟蹊径，集创新业态与消费体验于一身的实体书店，反而在倒闭潮危机之下，焕发出新的生机。

例如茑屋书店、方所、光的空间、钟书阁、晓岛等，通过创意空间设计、文化休闲、个性阅读、跨界联合，进驻大型城市综合体，甚至有些还成为购物中心的标配，向文化和生活概念延展，所营造的氛围让这类书店已不仅是消费群体购买图书的场所，而成为整合体验阅读乐趣、感受多元化文化产品和服务的空间，转型后的实体书店再度鲜活蓬勃起来。

1983 年诞生于大阪枚方的茑屋书店，"通过书、电影、音乐等的提供，对生活方式进行提案"，自 2011 年以来，在无穷无尽的想象力之下，又探索出与新零售的结合，打造出了 Tsutaya Book Apartment（茑屋图书公寓）。

从书店、旅馆、共创空间到咖啡馆、酒吧、餐厅，东京新宿的第一家 Tsutaya Book Apartment，场景空间融合书店与公寓，9 层楼一层一种内容组合，顾客们可以随手取下图书，拿到床榻上慢慢阅读，也可以购买带走。

2020 年 10 月 18 日，茑屋书店中国首店在杭州天目里开业。书店以艺术为中心，融入书籍、美食、咖啡、文创、影音等，打造呈现了一个多功能、多元化的复合式空间，为每一位顾客带来独特的日式美学体验和生活方式。

第四章 场景消费 ——功能＋场景＋体验，消费空间的人、货、场重构

2011年11月成立的方所，打破了传统意义上书店的外在形式，从阅读、植物、服饰、物感体验、精神碰撞等角度，将知识、审美与生活结合，以艺文活动为根基，渐次涉及各个层面。方所书店不再只是一个单纯提供书籍售卖的空间，而是一个"家"。

方所集书店、美学生活、咖啡、展览空间与服饰时尚等业态为一体，"我们做的不是书店"，方所策划总顾问廖美立曾说，"而是一个文化平台，一种未来的生活形态"。当年方所书店在成都开设的连锁分店，每日接待的人均流量曾高达7000多人次。

光的空间新华书店，推门而入，首先映入眼帘的是高高低低的木色书架。书架中间的方形镂空，给人一种一望无际的感觉，头顶的星空穹顶让人仿佛置身宇宙星辰之中，通透的光线环绕在空间里，光线与方格的重复之美，与层层书架，共同构筑了一幅犹如幻境般的场景。

位于上海爱琴海购物中心的光的空间，运用各种光学物理规律，以独特审美水准建造出一个书店＋美术馆的创意空间，希望将美术馆与书店结合，形成一种视觉＋文字的立体阅读，赋予商业空间更多文化艺术内涵，让读者能够全方位、深度感受阅读、空间以及艺术与心灵的对话。而连接7楼书店和8楼明珠美术馆的核心区，从外观看形似一枚巨型蛋，被有的媒体直呼为"安藤蛋"。

书店的设计者正是被誉为"清水混凝土诗人"的建筑大师安藤忠雄。"人们和书的关系日渐疏离，我们希望这个空间能增加人与人、人与书的邂逅，使人们对书产生新的认识。犹如光之于建筑，只有阅读，能让未来的希望照亮人们的心房。"安藤忠雄赋予了"光的空间"这样的寓意，在美术馆里的书店，在书店里的美术馆。

于2017年底开业的光的空间新华书店，曾一度位列大众点评上海地区书店人气第一名。聚集人潮的除了"光"外，还有一大特色"科技"，书店可以结合全网大数据的选书模式，尤其是能够根据读者年龄、性别、喜怒哀乐，推荐读者可能需要的书，只要你对着屏幕做个

表情就能实现。

2019年1月，位于朝阳大悦城9层的晓岛，正式对外开放。这是著名音乐人、导演、作家高晓松联合大悦城打造的，是一处致力于倡导阅读、思想文化与艺术生活的公共空间，被高晓松定位为"全副武装的文艺青年阵地"。

仿佛喧闹商场里的一座"孤岛"，安静、独立、不受打扰，在晓岛这个350平方米的圆形空间内，陈列了由高晓松精选推荐的14 000多本图书、100多张经典黑胶唱片以及电影海报，全部以预约体验制的方式，免费提供给全部岛民阅读、欣赏，岛民还可前来参加各种人文艺术活动。

其他同样与光有关的，还有坐落于重庆中迪广场欧洲城时尚中心的钟书阁，整个空间也布局了类似"盗梦空间"般的梦幻色彩，同时充满着巴渝文化元素，依然由钟书阁首席设计师李想设计打造。钟书阁重庆店开业后，成了人们打卡拍照的新去处。

近年来，同样跟图书与阅读相关联的图书馆，也通过改变传统图书的静态借阅方式及场景，吸引来自全国各地的人群前去打卡，图书馆同时也成为城市文旅融合的新地标。

我曾在国庆假期特意去天津那家网红图书馆——滨海新区文化中心图书馆打卡发圈，当时门口排着的长队足有好几十米，可以说大多数人并不是奔着看书去的，在出口处遇到一位游人边用手机拍照边跟保安解释说，我不进去，我就是拍个照，证明我来过这里了。

被称为"海滨之眼"的滨海图书馆，因其极具"科幻感"的设计，迅速登上微博热搜榜，在开馆的首个周末，吸引了高达1.8万人次的流量，而平时日常人流量据统计在3000次左右，周末和节假日则每天超过15 000人次，这其中年轻人占到了绝大部分比例。

天津滨海新区文化中心图书馆，可以说是以创新性的空间设计，颠覆了通常意义上人们对于图书借阅过程的传统体验感受，正如同图书馆的设计师所言，在现如今大多数图书馆都是封闭盒子的情况下，我更愿意向世界展示它的内在之美。这也引发了网友们打卡后的感叹——"这才是人类进步的阶梯""知识的海洋原来是这样的啊"！

无独有偶，在阿那亚有座孤独图书馆，被称为全国最孤独的图书馆。灰色水泥墙，横平竖直的线条，远远望去，图书馆像一个扁平的大水泥盒子，孤零零矗立在空旷的沙滩上。图书馆内每个座位都朝向大海，从书本上抬眼望去，透过落地玻璃窗，波浪翻涌、潮起潮落，尽收眼底，坐在这里，可以放空一切，暂时忘却平日里那些孤独落寞。

不同于在繁华喧嚣都市里的闹中取静，这座孤独图书馆所赋予人们的阅读感受，是大海的开阔、心境的安宁，放下尘世烦扰而回归静心阅读，正如阿那亚这个来自梵语的名字："寂静处、空闲处、修行处。"

孤独图书馆实际名为"三联海边公益图书馆"，由阿那亚和三联书店联合运作。图书馆于 2015 年 4 月 23 日开业，当时宣传视频刚一发布，阅读量便已突破 10 万，点赞数超过 4000 次。而视频里建筑师董功对于设计过程的一句描述，最终演化成了"中国最孤独图书馆"。

图书馆在网上走红以后，大量人群慕名而来，甚至还有来自美国、英国、韩国、印度等国家的。图书馆平时单日人流量超过 3000 人次，而且入馆需要提前一周预约，否则即使到了门前，都可能进不去里面。

据统计，全国公共图书馆数量截至 2017 年大约有 3166 个，年流通总人次是 7.45 亿，那么算下来可知，每年每家图书馆平均出入的人次大约在 24.5 万，而阿那亚孤独图书馆年流量居然高达 109.5 万人次。

一个仅仅有六七十个座位的孤独图书馆，缘何能成为一款网红图书馆？

那就是，它重新定义了图书馆，吸引人们前来的不再是藏书和阅读需求，而是场景设置，图书馆变成了一个静心阅读自己情绪的空间。

这正如设计师董功当初阐述的图书馆设计理念："我理想中的社区图书馆，并不需要用藏书量和知识完整性等严苛指标去挑剔，而是要突出空间设计与情感体验的结合,这方面比专业图书馆的余地更大一点。"

孤独图书馆的硬件空间和设置,450平方米总面积,约万册图书,几十个座位,并没有太多特别之处;但是,远离城市、交通不便、面朝大海,水泥墙体与沙滩、浪涛、阳光、风声带来的感官体验,营造了绝无仅有的阅读场景。这也正是,最孤独图书馆的最不孤独的人气所在。

那么,堪称"中国茶叶第一街"的马连道,拥有30年的发展历史和文化积淀,见证了国内茶叶市场的兴衰变迁,作为国内典型的、代表性的茶叶市场及茶文化特色街区,作为中国茶业品牌展示的平台与茶产品的流行风向标,为何偌大的茶街有那么多座茶城四五千家店铺,至今居然一家网红打卡热店都没有诞生?以后会不会出现?这不由不引发我的深度思考。

与图书相关的店铺马连道也先后开了好几家,有的当初还进行过规划和宣传推广,力图打造成街区的文化品牌和地标。我曾陆续去逛过其中的几家,印象中藏书数量不少且以茶类居多,可是好像人气并不旺。马连道是一个非常具有茶文化氛围的街区,进驻商家及前来选购茶的人群加上周边居民,喜欢阅读及购书者应该会有很大比例,哪怕仅仅是其中一少部分茶行业相关的人员去寻书看书,每天书店里都可能人头攒动。可是事实,与预想的完全相反。

更谈不上像方所这种网红书店一样,人们纷纷前来打卡刷圈了。即使书店的陈设、产品都与茶相关联,即使读者进来都可以读书喝茶买茶,不同之处在于,前者是开在茶城里的书店,后者是商业模式里加入了茶产品的书店。理想丰满、现实骨感的原因很简单,在马连道里面开实体书店,如果给目标群体带来的消费感受还是传统书店商业模式所呈现的,那么只能跟几乎所有茶叶店铺业态一样。书店的经营管理不仅要跟上时代潮流的发展,同时现实中更要有能够落地的规划和执行力。

因而并不是把书店开到线上网店，在朋友圈、微信群发图书信息，就解决了书店经营销售问题，打通线上线下的场景消费的转换，不是仅仅将实体店铺电商化，更要有可以不断引流的特色内容。

"品茗读书会"是由位于马连道的有着多年茶书经营历史的网络书店茶书网发起的文化活动体验平台，近两年正在探索这种打通线上线下的经营模式，一方面整合线上书店平台的会员资源，另一方面采取线下加盟的形式，通过举办图书阅读茶会活动形式将线上读者导流到线下，为茶业经营者与茶爱好者群体建立连接，为消费者带来品茶+读书的体验，同时，促进茶书与茶产品的销售。

打造网红店的潮流地标，带来新的流量变现

同样作为北京特色文化商业街区，马连道为何没有成为像南锣鼓巷、烟袋斜街、琉璃厂文化街、五道营、798等艺术文化商业街那样的新文旅地标？为什么没有成为潮流打卡地，带来巨大流量的变现？

那么，马连道不可以由旅游消费带动功能消费吗？马连道有吸引人群打卡拍照的地标和前来旅行体验的软硬件内容吗？马连道茶街茶城的管理者、经营者与进驻的茶企茶商和茶的爱好者们，是否正在思考规划并开始逐步落地实施？

如798艺术区，其成为旅游观赏的景点，并非是不再专心做艺术的结果，反而是因为做到了很专注和很极致，衍生了艺术之外的新的体验感受，于是逐渐成为一道景观，更发展为文创行业聚集地及文旅地标，吸引来越来越多的并非热爱艺术的人群，虽然他们消费的不是艺术品，但是这种巨大流量依然可以在区域内及周边的各类商业中进行转化变现。

我作为一名艺术爱好者，从起初就关注798，虽然如今因其商业化氛围反而越来越不喜欢前去，但从商业化运作层面看，798完全可以当作马连道改造成为文创地标的学习参考的经典案例和范本。

从微观上看，像798艺术区的网红画室、美术馆一样，如果每座茶城有那么几家网红茶店，或者茶城里有那么几位网红，就能带动整座茶城的人气，从而为马连道引流。

那么，如果想要达成这样的目标，就必须从根本上改变传统批发零售业态与消费群体的人货场关系。因此，马连道至少要淘汰掉三分之一到一半的传统茶店铺，同时吸引娱乐、休闲、艺术、市集、亲子等行业加入，重构马连道商圈，使马连道升级为城市商业综合体，通过现代市场化的理念和方式经营，提升管理能力和服务品质，用互联网思维接轨新零售，让马连道逐渐成为充满新活力的生态系统。否则，还是当下这种业态和模式，不仅不会诞生网红店，人气反而会变得越来越不如从前。

网红店，其实消费者首先是慕名循迹而至，拍个照发朋友圈，证明自己来过了，其次才是买东西。所以网红店门前排队，排多久多长不重要，拍照片发朋友圈最重要；东西味道如何不要紧，拍照发圈最要紧。

2020年12月在武汉开业的茶颜悦色首店，一大早就有很多顾客赶来，门口排的长队几乎达到一公里，以至于现场每隔一段就会有指示牌告知大概等待时间，排在队尾的，官方微博不得不发布通知，需要8小时后才能进到店里，而店外一杯奶茶，据说被黄牛炒到"天价"的500块钱一杯！

茶颜悦色开业门前排长队这种现象，在国内各地网红奶茶店里并不少见，像喜茶、奈雪的茶，通常人们排队一两个小时才能买到一杯奶茶，茶店一天可以卖出几千杯茶饮。

奶茶店为何被如此追捧？是奶茶真的有那么好喝吗？

实际上，在互联网时代，奶茶的价值已经超越了产品本身，人们买奶茶消费时额外付出的超乎常规的时间、情绪等,更是赋予了其社交属性,就像他们拿到奶茶后,第一时间,首先要做的是拍照发朋友圈,甚至在刚排队的时候,就已经开始打卡了。

国际市场研究咨询公司英敏特的调查数据表明,28%的消费者认为,花两个小时时间排队买一杯网红茶饮是值得的。《长江日报》记者曾通过探访发现,90后、95后一族,占到了愿意排队2个小时以上人群的主流,就像记者采访的一位大学生所言,奶茶是90后逛街标配,而打卡网红奶茶店,则显得自己很潮。抢先发个朋友圈,证明自己的生活很有 INS 风,因此排队2小时是可以接受的。

就像本章节最开始所写,现在年轻人社交已经变成了"奶茶社交",而不是父辈们那一代的"约饭",没有什么问题是一杯奶茶解决不了的,只要到最流行的网红奶茶店约一次。

而如今的奶茶店也变成了打卡胜地,为此,几乎所有的网红奶茶店,都会在装修装饰上下功夫做足特色,不仅能让年轻人拍照发圈,更要增加互动和黏性,让他们成为回头客,譬如,喜茶在武汉开店后,特别研制了热干面欧包,奈雪的茶在店里放置了抓娃娃机、IP 联名产品等。

这种场景下的消费体验,正如中国食品产业分析师朱丹蓬所总结的:现在,人们对生活质量要求越来越高。吃不光是为了吃饱,还要吃得新鲜、健康,吃出感觉,甚至要吃出个性。而在餐饮类的网红店中,除了新颖的产品外,还有场景消费,有更多的服务和品牌的附加值。消费者愿意为这部分场景消费而不仅是商品本身买单,甚至愿意付出高额的溢价或时间成本,这本身就是消费升级的一种表现。

与新茶饮相比,传统茶的消费还属于产品的物质层面,在产品的推广传播过程中,卖点几乎还是基于产品本身的内质成分与外在的色泽、香气、滋味等物理属性,譬如其中我们比较多见的"冷后浑""岩骨花香""一年茶、三年药、七年宝""万病之药"等卖点。即使是上升到精神层面的"茶禅一味"的茶,也因为过于虚幻,无法形成一个可以具象化的卖点,乃至让茶成为一种跟"疾病""玄学"等场景化相关联的消费品,让人喝茶首先联想到的是"药店""养生馆""古董店""道场"等场合场景。

我们对标同样为世界饮品的咖啡,会发现,针对不同的消费群体,譬如商务人士、白领、文艺青年、谈情说爱的年轻人,通过场景化的差异化定位,品饮一杯咖啡便拥有了精神层面的消费满足,像左岸咖啡馆的"享受孤独,孤独享受",一下子就触动了文艺女青年的心灵,让她们从此爱上这一款咖啡欲罢不能。

对于生活工作中另一个人们经常喝的品类——酒——来说,虽然与茶一样有千百种产品,但是从大场景以及具体到某一款产品的小场景体验,可以说都非常细致到位——浇愁可以借酒,斗酒亦可以诗百篇,启程前喝壮行酒,胜利了痛饮庆功酒,商务洽谈可以边喝边聊,结婚宴席摆喜酒,即使在办丧事的场合用酒敬天地依然没有违和感。

例如白酒品牌江小白,从生活场景感受切入,用酒瓶瓶身做媒介,道出在当前社会压力下年轻人的内心渴望,通过"不是酒,是情绪饮料"的定位,把品牌与年轻人的生活情绪连在一起。

再比如RIO(锐澳)"微醺",为年轻人量身打造了"独饮"的饮用场景。现代都市中的很多年轻人独处时,也会产生想喝酒的欲望,借酒找到自己的小确幸;RIO"微醺"系列就是瞄准这一市场推出的,为年轻消费者构建了一种更加日常、轻松的"独饮"的生活方式场景,满足一个人喝酒的需求,即独自在家的时候,可以喝一罐"微醺",上演自己的小酒时光,感受自我真实的小情绪,享受当下的这一刻。

喝茶可不可以有情绪?一个人能不能独饮,享受当下的小开心?

而与茶消费场景紧密相关的马连道,存在至今三十年了,却没有留下什么代表性的老建筑、店面、设施,可以成为带来特别体验的引流网红地标,也可以说没有留存或者提炼出一个可以代表马连道的视觉形象与文化符号。

那么是不是可以将现存的茶城、茶店空间，通过改造升级，打造成马连道的新地标符号？譬如至今依然存在的二三十年前的老店面，或者是马连道还没成为茶街前的老库房，把它们改造成像798那种的老茶馆，一进里面仿佛穿越回到了八九十年代，满满的怀旧复古风，仿佛回首马连道的三十年光阴。

马连道茶城那座茶圣塑像从竖立起来至今似乎并没有引发多少关注，神态过于严肃，风格中规中矩了些，相比杭州中国茶叶博物馆门前的那座陆羽像，后者更显得生动活泼。唐朝的陆羽如果活到现在，也要与时代俱进啊。如果请一位潮流艺术家，把塑像做成互动的艺术装置，加上声光电，或者换一种材质譬如亮闪闪的不锈钢，或者做得足够高大威武，像荆门关羽像那般，即使引发各界质疑，但至少可以成为马连道这条街上最引人注目的标志，吸引四面八方的人们都赶过来拍个照打个卡，顺带逛逛茶城喝喝茶。这样不好吗？

因此，马连道的改造要立足于整条商业街消费空间体验的迭代，从街区到茶城，要进行整体规划，同时与线上贯通。譬如，整条街的茶城茶店在云端开出相应的电子商铺，爱茶者、买茶人，既可以足不出户挑选自己喜欢的茶产品，又可以到店里去参加各种茶会活动；店铺以茶为社交介质，以各种丰富的、有特色的、可与消费者互动的内容吸引客流，这样才能重新盘活商铺，盘活商街市场，带来流量转化，提升经济效益，重新焕发生机。

沉浸式体验

沉浸式体验

"沉浸式"是近几年来出现的一个比较流行的概念，在艺术、展览、购物中心、游戏、酒店等行业频频出现，如沉浸式展览、沉浸式戏剧、沉浸式文旅、沉浸式购物、沉浸式营销等。

延伸阅读 >>>

  体验消费、场景营销、沉浸式、快闪店等，这些近几年层出不穷的新概念和市场热点，为各品牌营销追捧，同时也展现了消费者消费观念的转变及新的趋势，即从过去单纯地追求物质需求，即产品物理功能和品牌效应，转向更加注重消费的精神意义与体验过程，即场景化、个性化、社交化、娱乐化等，成为品牌面对目标消费群体转型升级及市场营销的重要课题。同时，互联网带来的对产品研发生产理念、推广传播方式、商业模式的更迭甚至颠覆，更加速推动了企业对经营管理模式的不断探寻和变革。

  对于传统茶行业而言，这些非常具有学习参考价值和实践意义，但是由于多年来形成的市场环境，以及已形成的舒适度空间，茶企茶商们当下更多呈现的是袖手旁观的姿态，不愿走出舒适圈，甚至是觉得与己无关，置若罔闻，因此，当2020年一场突如其来的疫情加速了市场临界点的到来，众传统茶企不得不由壁上观变成了被迫入瓮，即所谓的"看不到、看不起、看不懂、来不及"——其实，如果从现在开始把场景消费、场景营销、沉浸体验、快闪店等概念都看懂了，那么，一切都还来得及。

  那么究竟什么是沉浸式体验？阐释之前，首先要说到心理学的"心流（Flow）"概念，个人将精神完全投注于某种活动的感觉，这类体验被称作心流体验或沉浸式体验（Flow Experience）。

  心流概念是著名的匈牙利心理学家米哈里通过大量调查研究得出的，他认为在沉浸式体验中，体验者的自我意识已消失不见，但感觉却比平日强烈，时间感也有所扭曲，只觉得时光飞逝，瞬间已过数个小时。

对于"沉浸"(Immersion),在(美)立德威尔、霍顿、巴特勒等著的《设计的法则》中,对其解释就使用了心流理论,即让人专注于当前由设计者营造的目标情境,并感到愉悦和满足,而忘记了真实世界的情境。

沉浸式体验,就是通过灯光、影像、音响等各种介质所设计营造的效果,以视觉、听觉、触觉、嗅觉全景式的交互体验触发感官体验,及叙事性和故事性的情感体验,甚至追求价值认同的精神体验,是一种使观众产生全身心沉浸于其中感觉的难忘过程。

沉浸式体验包含了感官体验与认知体验两大部分。感官体验主要是指,通过人的视觉、听觉、触觉、体感等综合体验,获得兴奋、惊险、激爽等感官刺激,比如一些游乐场的挑战项目;认知体验,是利用人的想象、联想、记忆、逻辑等认知经验,让人的技能与挑战匹配,比如现如今兴起的"剧本杀"。只有将感官经验与认知体验二者充分结合的沉浸体验,才能令人完全持久地投入其中。

沉浸式体验,充分利用感官体验和认知体验营造各种情境,使参与者的注意力被持久地吸引,各种感官都被当前情境所影响,产生忘我投入的强烈掌控感、愉悦感、满足感,在体验之后,身心愉悦、充满能量并对之久久难以忘怀。

随着科技的发展,如今沉浸式体验已经融艺术、设计和科技为一体,借助前沿的技术手段,如新一代通信、人工智能、投影、传感、大数据、移动互联网等,打破传统的时间和空间界限,可以回到过去或未来,穿越真实或虚拟的世界,重新定义人与空间、时间的关系,同时通过交互式和叙事性空间营造,利用情境、角色、情节、节奏等设计,让人们成为沉浸主题中的一部分,从而实现超乎寻常的体验,让参与者获得无与伦比的感官享受。

因此沉浸式体验具有以下几大特征,特定的故事主题与情节设定,贯穿主题的场景营造,临场代入感的角色,不知不觉参与其中的交互性。

沉浸式营销

随着互联网的高速发展,信息爆炸化、碎片化,商家单纯的平面及视频广告,被淹没在海量的商品信息中,很难引发目标受众特别关注,更难打动他们;同时,互联网也给娱乐和消费带来了感官体验的升级,"新媒体艺术"在近几年成为一种流行风潮;进入新零售时代,商家希望可以通过更优质的场景消费体验,增加消费者的黏性;而伴随着互联网成长起来的年轻一代群体,消费观念和需求也发生了很大改变,他们不断追求个性化、社交化、体验化。

而沉浸式体验,可以通过改变产品、品牌与目标消费群体的互动形式,使营销方式从传统的平面、视频升级为可令消费者全方面感受的三维立体空间;借助高新技术和装备,使产品信息转换为更多维的体验和服务,以更丰富的场景、更新潮的模式、更强烈的感官刺激做推广传播,让消费者对产品的关注度更持久、印象更深刻、了解更深入。因此,为越来越多的企业青睐并开始热衷尝试使用。

沉浸式场景营销,最初出现是在房地产及家具行业,例如楼盘预售期房,通过样板间的打造,搭建出从卧室、客厅、厨房到卫生间的沉浸式场景,让前来看房者仿佛置身于已装修装饰一新的房间中,这种身心感受,往往会引发售楼处门前排队摇号的景象。

现在沉浸式营销已经逐渐深入到各行各业,譬如购物中心、文旅景区、健身中心。沉浸式营销场景的创建营造,特别针对目标消费群体的需求,贴合他们的生活方式,从传统的声光电升级为全息投影、AR、VR等科技手段,并通过游戏、戏剧、情境音频视频、游乐设施、装置性空间等,使消费者最大化、多重地感受产品或服务并沉浸其中,同时,消费者会全程通过手机拍照、在微信、抖音上分享,为商家引流变现,提升转化率和购买率。

例如耐克在菲律宾首都马尼拉设立的"无限制体育场",是为跑步者创建的一座全新的沉浸式实验室。通过设置在全长 200 米跑道上、由千万个 LED 组成的跑步屏，跑步者可以设定跑完一圈的时间，而耐克鞋上的传感器通过超精准的射频识别技术，追踪跑步者的运动，并根据数据，在屏幕上模拟显示虚拟对手赛跑，跑步者每一圈仿佛都在和上一圈的自己比赛，不断追赶超越。

除了挑战自己外，跑步者还可以根据自己的状态和成绩，选择数据库中更多的虚拟人物进行比赛或者陪跑，最多可同时 30 人进行赛跑。在这个自己和自己赛跑或者挑战虚拟对手的过程中，跑步者获得了一种难得的人生体验。

耐克这个全球首创的最有创意的超强科技感的沉浸式装置，获得了 2017 年的威比奖（webby），同时，这个运动场也成为当地运动者的一个打卡签到胜地。

快闪店

快闪店，来自英文词组"Pop-up Store"，在英语中有"突然弹出"之意，意指商家品牌在繁华商业区设置的临时店铺，为创意营销模式结合零售店面的新业态，可以理解为短期经营的时尚潮店。快闪店通常只开张几天至几个月，自由选取地点，利用消费者的好奇心理和对于转瞬即逝事物的留恋，在短期内吸引目标群体汇集人气，增加品牌的曝光度、影响力与销售业绩。

快闪店深受品牌青睐追捧并非偶然，因为它是零售业发展至今契合行业现状的一种恰逢其时的产物。因为如今品牌的目标消费群体越来越重视场景体验，而几乎千篇一律的卖场设置与商品，缺乏令消费者心动的潮流元素，加之互联网电商对传统零售业的冲击，难以吸引客流；与此同时，线上流量红利期已过，品牌急需用一种新的线下实体业态来刺激线上销售，而快闪店的出现，为这种线上和线下的融合发展，提供了契机和渠道。因此这种新兴的"游击店"，近几年间在世界范围内迅速蹿红。

与传统零售业不同的是，快闪店注入了更多的潮流时尚元素、品牌文化符号，给消费者带来更多好看好玩的新奇体验。快闪店可以使品牌与消费者零距离接触，并自带话题，在短期内快速吸引消费者眼球，将线上线下更好地融合，成为又一个引流变现的新入口，为品牌带来更多的销售业绩。

因此快闪店这种打造场景消费，提升客户转化率，"做几天生意，制造话题，打响知名度，然后立即消失"的模式，引发很多品牌纷纷涉足。有些快闪店甚至获得了极为火爆的业绩，例如知乎"不知道诊所"在三里屯上线后，三天内引来上万人排队体验；"丧茶"，一家由饿了么与网易云联手、只开了四天的奶茶快闪店，开业当天就卖出了近千杯，第二天只能分时段限杯销售；LV & Supreme 北京快闪店，开业仅两天便将库存销售一空，不得不通告暂停营业。

但是随着品牌快闪店频频现身，消费者也开始渐渐变得审美疲劳，同时，快闪店的场地选择、时间、租金等营销成本不断攀升，加之有些商家以快闪为噱头，卖完东西就消失，使售后服务无法得到应有的保障，这些因素如今成为影响快闪店进一步升级发展的瓶颈所在。

第五章　新零售

—— 线上线下有效融合，传统零售行业转型新商业模式

2020年，由于新冠肺炎疫情，餐饮娱乐、商场等处于停滞状态，线下大卖场遭受挑战，消费者指数显示，其中礼品赠送减少26%，大卖场下降7%，而新零售同比增长161%，线上电商提升35%，小型超市提升12%。

传统的零售卖场，通常会把冰洗厨卫家电等耐用品陈列布局在外围，通过动线引导，让消费者进来后必须先经过这些商品区域，才能到达想要选购的商品区，譬如饮料、生鲜水果食品区，这样可以让消费者浏览更多的货架，增加他们冲动购物的可能性。

如今新零售的管理和购物营销，则为了能够更好地满足消费者需求，而去设置购物的便捷动线，譬如把饮料这种被频繁购买的商品，放在超市最外面的区域，消费者一进来从货架上拿了直接付款走人，不再需要经过服装区、日化区之类商品区之后才能买到一瓶水。新零售管理考虑的是购物的体验过程，顾客怎么方便怎么舒服，就怎么来。

过去商场、购物中心为了吸引消费者，通常都是用各种打折买赠的促销方式，尤其是逢年过节、店庆换季的时候。但是这些传统套路越来越没有之前那么显著的效果，加之电商网购的冲击，实体店获客引流愈发艰难。

这两年K11和芳草地与艺术的跨界，成为购物中心引流的新热点，于是，老商场改造，新购物中心开发，美术场馆都成了必备标配，同时商业空间与艺术家、IP开始密切合作，而商城里入驻的品牌，也会有各种与艺术家、设计师及相关机构的跨界联名合作。所以，消费者现在去商场，不仅仅是为了逛吃逛穿，很可能是约了看画展，或者是因为某个大IP空降，或者是因为购物中心的一场跨界活动火爆，成了打卡发圈地。

电商渗透对于传统购物方式的冲击，在三四线以下城市相对没有在一二线城市那么显著，相对于北上广深，生活在小城镇的人们，购物中心、百货商城依然是他们主要的购物和休闲去处；同时，因为一二线城市消费逐步饱和，三四线城镇年轻人的消费能力、购物潜力和品位不断提升和显现，正在成为消费市场的蓝海，所以不仅一些传统零售商业在做渠道下沉，阿里、京东、苏宁、当当等电商巨头也纷纷加速布局三四五线城市，发力下沉市场，大规模开设线下连锁店，深耕消费潜力。

相较于传统零售和电商，阿里、京东等通过打通线上线下，和购物场景的线上线下融合，让线上缺乏的体验感通过线下实体店实现，同时使传统线下品牌促销有了连续性，增加了消费者黏性，而且通过大数据进行分析，针对不同的城市和消费人群，推出相应专属的品牌、品类和促销活动。

传统电商体验感不够，尤其需要体验型的产品，所以阿里、京东从线上往线下，构筑自己的业态体系，而国美则反之，从线下向线上，线下体验线上下单。近两年，无论是线下还是线上，企业都在发力做自己的生态系统，也可以看作是，拼争新一轮零售业的话语权与竞争力。

那么，对于传统茶行业，例如北京马连道的茶城茶店来说，在如今的新零售时代，面对渠道下沉、注重消费体验、传统电商红利不再、以线上线下贯通引流变现的形势，以及面对疫情对人们生活和购物方式的影响，如何顺时而变、迭代升级、逆袭而上？

现阶段，如何升级整条街的业态？有什么行之有效的手段可以为马连道引流？是不是可以把马连道打造成一个电商平台，整体打通线上线下渠道，让店铺从沉寂的库存和枯竭的流量中突出重围焕发生机？那么，茶企茶商入驻电商平台，商户们都开网店把茶叶拿到线上，茶叶就一定会变得好卖吗？

之前消费者在马连道的几千家店铺中很难找到你，那么，在电商平台上同样如此，而且同品类竞争反而更激烈，很可能最终陷入价格战。这其中，最为关键的是，如何把茶的消费人群引流过来，如何解决无须去喝就可以下单购买的体验感问题，如何产生黏性让他们形成线上消费习惯。

中国茶业中，茶企茶商浩如烟海，企业识别度如此之模糊，产品同质化区隔度如此之小，品牌知名度如此之低，内卷如此之严重，以至于消费者在茫茫"茶海"中蓦然回首，却见灯火阑珊处依然是一堆一堆的茶，到底哪个才是他们真正想要找的？

在新零售时代，马连道需要动几场大的外科手术了，而不是仅仅改变一两个"姿势"——上线网店、拍小视频、做直播卖茶。

新零售与概念诞生及行业布局

新零售是什么？根据《阿里研究院新零售研究报告》的定义，新零售指以消费者体验为中心的数据驱动的泛零售形态。

它包括三大特征：（1）以心为本：掌握数据就是掌握消费者需求；（2）零售二重性：二维思考下的理想零售；（3）零售物种大爆发：孵化多元零售新形态与新物种。

新零售重构人货场，即从"货—场—人"到"人—货—场"。

区别于以往任何一次零售变革，新零售将通过数据与商业逻辑的深度结合，真正实现消费方式逆向牵引生产变革。它将为传统零售业态插上数据的翅膀，优化资产配置，孵化新型零售物种，重塑价值链，创造高效企业，引领消费升级，催生新型服务商并形成零售新生态，是中国零售大发展的新契机。

2016年10月13日，可以说是"新零售"的诞生日。

阿里巴巴集团，在云栖大会上提出了"五新"概念，即"新零售、新金融、新制造、新技术、新能源"，认为如今电子商务发展起来了，纯电商的时代很快就会结束；未来的十年、二十年将没有电子商务的说法，只有新零售，亦即，线上、线下和物流必须结合在一起，才能真正创造出新零售。

非常巧合的是，小米科技创始人雷军在中国（四川）电子商务发展峰会上，也提出了新零售概念，时间刚好与阿里巴巴云栖大会在同一天。雷军认为，新零售就是通过线上线下互动融合的运营方式，将电商的经验和优势发挥到实体零售中，改善购物体验，提升流通效率，将质高价优、货真价实的产品卖到消费者手里，以此实现消费升级的创新零售模式。

随后，京东也对外发布了新零售战略"无界零售"，京东集团刘强东认为，在大数据和人工智能技术的驱动下，零售业经历了百货商场、连锁商店和超级市场后，正迎来"第四次零售革命"，这是在知人、知货、知场的基础上，打破传统零售在空间、品类和供应链上的组织形式，重构零售的成本、效率与用户体验。

2017年，是阿里巴巴正式启动新零售的元年，并将新零售的第一步选择放在了上海这座魔都。在2017年云栖大会新零售专场，阿里巴巴集团学术委员会主席曾鸣，对新零售进行了更具体的诠释，他认为所谓的新零售，其实是"五新"之一，如果不从新商业的整体的角度来考虑，单独思考新零售，很可能会走偏，因为零售只是整个商业的一个环节，而互联网在给广告、零售、物流行业带来巨大的冲击及根本性的变革之后，下一步互联网影响最大的领域将是传统的营销和品牌，以及整个的供应链。

2017年，雷军曾订下目标，在未来3年内开设1000家小米之家，布局新零售版图，打造围绕智能生活的年轻家庭场景体验自营专卖店。小米之家是小米新零售的最重要组成部分，2020年12月初，小米不仅完成了之前的千店目标，而且2021年1月在全国又同时开张了超过1000家小米之家，标志着小米在对新零售模式进行探索后，打造出自己的线下零售新模型，成为零售行业的新势力。

2017年，苏宁控股集团董事长张近东提出"智慧零售"的概念，"智慧零售的本质就是运用互联网、物联网技术，充分感知消费习惯，预测消费趋势，引导生产制造，为消费者提供多样化、个性化的产品和服务"。运用云计算、大数据、物联网等前沿技术，构建商品、用户、支付等零售要素的数字化，将采购、销售、服务等流程智能化，以更高的效率和更好的体验为用户提供商品和服务。2019年苏宁完成对万达百货及家乐福的收购，通过对门店的整合，逐步成为线上线下融合的全场景全品类平台。

  2018年1月，刘强东用"场景无限、货物无边、人企无间"12个字概括了什么是无界零售。场景无限，意味着未来零售的场景会逐渐消除时间和空间的边界；货物无边，商品、内容、数据、服务等彼此渗透——商品即内容，内容即数据，数据即服务。相应地，产业的边界也会逐渐模糊；人企无间，人与企业之间的关系被重新定义，意味着生产与消费之间不再有泾渭分明的角色和利益区隔，从而拉近距离，形成更有温度、彼此信任的关系。

是什么催生了新零售

新零售概念的出现，并不是一时风潮。

阿里研究院 2017 年发布的《新零售研究报告》对此进行了分析，认为存在三大方面原因，一是技术层面原因，大数据、云计算、移动互联网/端，及智慧物流、互联网金融、平台化统一市场，使新商业基础设施初具规模；互联网发展逐步释放经济与社会价值；二是消费者层面原因，消费者数字化程度高，且购物途径为全渠道；三是行业层面原因，全球实体零售发展放缓，亟待新增长动力，中国实体零售流通效率整体偏低，缺乏顶级品牌，多元零售形态开始涌现。

那么具体来看，自 2003 年淘宝平台上线，在阿里巴巴创始并引领电商的这十几年间，伴随着互联网和电子商务的迅猛发展，大量零售商家转向线上进行产品售卖，这对线下实体店产生的冲击越来越大，传统零售行业缺乏增长动力，发展势头放缓。同时，因为在电商平台上产品价格变得非常透明，以往由信息不对称造成的区域价格不对等所产生的巨大利益空间不复存在，商家的经营利润不断被挤压，虽然平台交易流量非常可观，但是并没有给实体零售增长带来更多的裨益，反而使得许多商家面临越来越举步维艰的生存困境。毕马威数据显示，自 2013 年起，除便利店外，大型商超、百货商店等零售大多增长近零，甚至是负增长。

对于阿里巴巴、京东等电商而言，在线上平台的零售商业模式趋近触顶，增速逐年放缓的形势下，引流获客成本越来越高，流量红利已慢慢衰减，平台遇到了发展瓶颈。那么，如何对线上零售模式进行转型，如何找到促进新的增长点的解决方案，成为激活当前网络虚拟经济的思考方向。

在电商发展初期，消费者购物途径在线上、线下间转换选择，到数字化程度提高后，消费者购物呈现全渠道特色。因为价格优势吸引，电商购物渠道客流不断增长，并很快使消费者形成了网络购物的消费习惯，电商销售额因而呈井喷式增长。随着移动互联时代到来，无线端的销售和支付额几乎同比例迅猛增长，到了2016年时消费者的消费支付基本转移到了移动端，有关资料显示，2016年"双11"阿里零售平台无线占比82%。

与此同时，消费群体的购物品位不断提升，对于产品功能、内容和服务需求以及线上消费体验，也产生了更多诉求，如更高性价比、更高颜值，更个性化、社交体验及文化、价值认同，而网络和场景、线上支付、智慧物流等各项技术的创新，通过大数据应用和人工智能手段，可以为消费者提供更精准、更定制化、定向折扣的产品，提供更便利快捷的交付，提供突破以往时空限制、无缝融合不同场景的消费过程、服务和体验。

正是在这样的国内大环境、零售行业发展、技术创新的背景下，新零售应运而生，互联网电商与线下实体店贯通，实现了虚拟与实体经济的结合，电商平台成功找到了新的流量红利增长点，形成了全新的发展空间和行业格局。

新零售商业格局、发展规模与消费体验

新零售商业格局

前瞻产业研究院《中国新零售行业商业模式创新与投资机会深度研究报告》显示，目前在中国新零售领域，竞争呈现两超多强的局面，即阿里和腾讯"两超"加其他探索新零售模式的"多强"企业的局面。

阿里巴巴主要布局分三类：销售、支付、消费环节的销售端，以大数据、人工智能、云计算等应用支撑的零售科技，以及物流。阿里巴巴通过自己的资源引领、打造平台，提升用户体验。在阿里新零售版图中，其收购饿了么与口碑进行整合，投资大润发、华联线下商超，自建重构线下超市的新零售业态盒马鲜生，通过数字化改造传统零售商超品牌淘鲜达；借助线下布局获取流量，向线上导流，同时利用线上优势反哺线下，线上、线下互补融合。

腾讯从2017年开始投资新零售产业，通过微信公众平台、微信支付、小程序等的连接，使产品、销售与消费者之间的信息交互过程更透明，效率更高。目前腾讯在线上投资京东、拼多多、唯品会等电商企业，投资京东快递物流，在线下与传统商超永辉超市建立了合作。

新零售发展规模

从2016年新零售起步阶段开始，线上电商尝试落地线下门店，而传统实体零售门店通过互联网技术改造贯通线上，大型购物中心则通过场景化改造、经营模式创新，以新媒体传播、社交引流变现。

易观国际调研数据显示，2017—2019年新零售行业年均复合增长率为115%，预计2022年中国新零售市场规模将突破1.8万亿元。国际金融机构美银美林的报告称，2020年第二季度阿里新零售业务同比增长80%，且成为增长最快的业务，占据核心电商业务收入的比例已超过20%。

2020年的新冠肺炎疫情，成为传统零售向新零售加速转型的催化剂，尤其对于之前在此方面缺乏布局构建与具体实施的商家来说，像主要依赖于茶城茶店销售渠道的传统茶企茶商，线下实体店遭受的冲击和损失，让他们切身感受到转型的必要性。如何将线下实体店和线上网店有效融合，解决茶产品从店面体验选购到云端分享下单的经营模式，已然成为传统茶行业向新零售转型的探索。但是从目前来看，传统茶零售要转型并形成一定的新零售规模，恐怕还得假以时日。

新零售为消费群体带来的全新体验

新零售将线上线下、物流配送、消费反馈、产品定制、市场营销等有机融合，以消费者为中心，以个性和体验作为突破口，赋予整个行业新的市场竞争力，使零售行业从传统的产品导向向场景体验导向转型升级。

与传统消费者相比，中国的新生代消费群体已发生了很多层面的消费心理的变化，例如，新生代消费者更注重自我的表达，更青睐具有个性特色的产品品牌；新生代消费者更追求生活品质，愿意为更优异的产品买单，可以接受更高的溢价空间；新生代消费者更愿意为自己的兴趣爱好及休闲娱乐、健康运动等投入更多的时间和花费，他们在消费过程中除注重产品功能属性外，更注重购物体验、社交体验。

新零售通过构建消费全新体验过程，满足新生代消费群体的需求变化。新零售通过打通线上线下，使便捷性和体验感相融合，集购物、社交、高效配送于一体，使消费者既可以选择在线下实体店消费，也可以选择在线上快速交易，畅享多渠道无障碍的购物体验。

新零售通过线下实体店的产品组合，以及在文化艺术、休闲娱乐、时尚潮流等方面的跨界融合，汇聚与品牌相关的场景和价值，打造呈现新型消费体验的社交化场所，同时配合品牌调性，不定期举办相关系列活动，如讲座培训、时尚活动、艺术展会等，吸引目标消费群体，带给消费者多元化产品组合及沉浸式场景体验，引流变现。

传统茶行业如何向新零售商业模式转型

看不到、看不起、看不懂、来不及——之前是因为升级的拐点还没出现，现在，一场疫情加速它的到来。

走出舒适区进行转型升级

新零售是多元化零售形态，是线上、线下与物流的融合，而传统茶行业，基本上还处于一元化的线上线下分割的传统零售形态。

造成这种状况的重要原因，个人认为，有很多，如市场化时间较短、发展不均衡、重种植加工、轻市场营销、品类强、品牌弱、小而散，茶行业发展迅猛但不均衡等。茶企茶商长久处于一个个舒适区内，被动、消极应对大环境变化，缺乏向新零售进行转型的目标和动力。

中国茶作为产品走向市场化，从1992年茶行业开始进行体制改革、实行民营化，到如今，不到三十年时间。在这期间，茶行业发展曾先后经历了普洱茶炒作、茶礼品化的几个特殊阶段。

在茶礼品鼎盛时期，几个大节庆礼品茶走完，基本上这一年营收就有了保障，而这样一个舒适区被冲击，是在2012年12月党中央出台"八项规定"之后，在马连道各个茶城，几乎再也看不到店店热火朝天包茶礼，人们成群结队买茶礼、送茶礼的热闹景象了。

我对此深有感触，在2012年之前，逢年过节期间很不情愿去逛马连道，因为茶店老板们太忙了，像中秋、元旦尤其春节前，都忙着装茶礼盒，路上堵车难行，家家坐满了客人，但是从2013年后，马连道人气开始断崖式下跌，而且逐年不如从前。

再说另一个舒适区。在茶行业，先是普洱茶，后又有白茶及其他品类老茶，在过度炒作中，出现了一个接一个畸形发展现象，资本及其他行业介入逐利，茶商们从正常批售转向去屯茶、炒茶、找下家接盘。把茶不是当作喝的饮品而是将之作为礼品和金融产品进行炒作，在其中投机，获取中间巨大的利润空间，这是又一个茶企茶商们乐享其中的舒适区。

再一个舒适区，源自稀缺资源。一些茶产区资源稀缺，每年原料和做出的茶不愁卖且可以卖出不错的价格，即使并非核心区产品，也可以吃区域品牌大锅饭，同时，在信息不对称、产地无法追溯、买茶者缺乏辨识能力、山寨假冒追责打假成本太高的市场状况下，茶企茶商当然安享无忧，外界即使风起云涌沧海桑田也感觉与己无关。曾听一位茶老板说过，宁愿在当地每年轻轻松松做茶赚几十万元，也不愿意来北京卖茶多赚几百万元，因为太辛苦。

时间久了，从业者慢慢变得习惯甚至享受于当下，面对经营消费大环境大市场的变化，一方面两耳不闻窗外事，沉得住气耐得住压力，一方面还有种"等"或者"熬"的心态，逃避现实，觉得过两年就会好起来。当然也有一些茶企试图去改变，但是少有大动作的改变，毕竟，从舒适区里尝试走出来，需要很大的决心、勇气和坚持下去的信心。

因此，即使面对零售大格局变化带来的冲击，以及面对经济大环境造成的消费疲软、跨行业经营管理理念带来的变革，即使近年来茶城茶店线下流量锐减，但很多茶企茶商还会再继续等下去，即便现如今生意越来越不好做，舒适区已经不像之前那么令人舒适了。

直到2020年，突如其来的疫情，将残酷的市场现实摆在了茶行业面前，于是与企业如何应对、行业发展、市场相关的思考讨论建议和尝试一下子多了起来。

以线下茶城茶店为主体渠道终端且依赖性较高的传统茶行业，在疫情期间被迫处于停摆状态，像马连道的几座茶城里的茶店，连着几个月都无法正常营业。为了应对线下困境，我们看到茶商及茶相关商家采取了与各大电商联合举办春茶节、茶品类专场活动，通过直播带货，通过社群推广等线上手段。

从2020年2月开始，差不多半年多时间，受茶商、茶友会、茶媒体及茶社群邀请，我曾做过很多次社群或直播平台的讲座、茶会分享。期间我还曾为几位茶老板朋友出谋划策，为他们如何做茶群、直播推广提供建议。

其中有位行动最快的茶老板，虽然茶城封闭无法进行营业，但他不甘于此，觉得与其坐以待毙不如尝试做点什么，于是从二月份起，每天都在客户群里邀请茶行业的专家、讲师、资深爱好者等，尝试做各种主题讲座、话题讨论，开了直播讲茶、推销茶，同时在群里组织拍卖、节日促销、团购活动，虽然几个月没能开门营业，但是把成本费用都赚了出来，渡过了疫情难关。因为做得出色，这位老板后来相继被一些企业、协会和地方茶区邀请，做访谈、直播和产品推广。

谈到这段经历时，他很感慨，以前常听人说起社群营销、直播什么的，但是很不以为意，这次疫情终于让他充分认识到了网络平台的作用和重要性，并通过实践探索积累了相关经验，有了今后如何进行经营转型拓展的规划。

品牌化，是市场和销售的重要保障

我们的茶产业，呈现的是重产品、轻推广的市场状况，以及有品类无品牌的产品现状。有多如牛毛的茶产品，有大大小小无数的茶企茶商茶店，却鲜有规模化的具有全国乃至国际影响力的集团茶企业和大品牌，马连道几千家店铺中，有品牌知名度、美誉度、传播度的有多少家？这是国内茶行业的一个普遍现象，在这方面，茶行业跟其他行业不在一个水平线上。

从 2020 年疫情期间开始，茶行业突然意识到品牌建设的重要性，行业管理机构、茶流通协会、茶行业协会、茶媒体等，纷纷对此倡导发声，开论坛进行研讨，并尝试付诸行动。

这其中一个很大原因是，在现在茶大市场不景气的状况下，茶企茶商终于发现，品牌是卖货的一种强大的保障。疫情期间，一些品牌实力和资金雄厚的大茶企，有效组织人力生产加工，走物流运输和网店云销售；同时，品牌实体店的实力和知名度，最大限度地抗击了风险，保持了流量与变现，将疫情造成的影响降低到最低，因为品牌的背书，也可以成为消费者选择过程中的一种信赖。

正因为此，有越来越多的茶企与设计公司或者营销公司合作，做品牌及与茶空间相关的规划，这其中投入占比较大的是定制化的包装设计，即使大多数茶企茶商还是在做通版，那也只是因为暂时没有富裕的资金投入个性化设计中。有些企业本来是提供原料代加工的，也开始有意识地打造自己的茶品牌了。

以往私人化、个性化经营的茶店茶馆，这两年发现，生意不像之前那么好做了，而大品牌连锁加盟店相对受环境影响不大；于是，一些店铺改弦易辙，通过加盟等方式投入大品牌的舒适区怀抱。

我之前一直在写文章，希望茶企茶商重视品牌，重视相关的推广传播，之前市场空间好，茶企不做品牌生意也能做得很好，所以茶企茶商对品牌、对推广没有足够的认识，甚至可以说是不屑于此。所谓看不到、看不起、看不懂、来不及，之前是因为升级的拐点还没出现，现在，一场疫情加速它的到来。

线上线下有效结合，从传统产品推销向个性化体验为导向转型升级

央视市场研究（CTR）高峰论坛《2020中国消费市场报告》凯度消费者指数显示，由于疫情导致餐饮娱乐、商场等处于停滞状态，线下大卖场遭受挑战，消费者指数数据中，礼品赠送减少26%，大卖场下降7%，同时，消费者购买趋势进一步趋向"近场化"和"数字化"，电商渠道加速，近场需求进一步提升，其中新零售同比增长161%，线上电商同比增长35%，小型超市同比增长12%。

上述数据中，礼品赠送减少的比例中包括茶礼品，大卖场下降的比例中，包含茶的大卖场譬如茶城在内。

缺乏线上布局的传统茶行业，被疫情逼迫不得不走出舒适区后，面对的是后疫情时代传统零售商业受到的冲击，以及人们生活方式和消费观念发生的变化。从这个层面上看，茶行业需要提升现代市场意识导向和消费者意识导向，用互联网思维，打造数字化的新零售业态；同时，要以消费者个性需求为核心，从传统产品向场景体验为导向转型升级。

但是传统茶企茶商一直以来都是唯我唯产品的思维导向，在这种产品模式下，茶企能做什么茶就卖什么茶，茶商们卖茶则站在自己的角度，给茶定价定市场，再以茶产品的物理功能属性，如味道口感、茶的价值、品饮存储等做推广，整个行业不注重科学的市场营销推广，往往以茶文化、茶道、茶禅、琴棋书画这些作为茶的附加价值，抬高溢价空间，消费者属于被动接受说教，而且，因为产品的同质化现象严重、推广内容和方式千篇一律、没有新意，久而久之，消费者变得越来越难以说服，因此产品流通周期长，复购率低，加上近年来市场供大于求，库存量不断增长。对此，行业对策不是如何开源拓展市场，反而不断推出各类陈茶标准，试图为不断增长的库存茶找到一个合理

的售卖理由。

但实际上市场饱和，并非是由于目标人群开发殆尽，没有购买力了，而是由于一方面传统茶产品没有满足消费者的个性化需求，如新生代潜在消费人群需求，另一方面是没有细分消费群体。例如办公室白领，他们对茶，其实有非常大的潜在的需求，但是现如今市场上无论产品、冲泡方式、体验过程及购买平台，都未能充分满足他们在商务办公环境下喝茶的需求，所以，这部分人群日常的消费饮料，多为速溶咖啡、碳酸饮料、花草茶、果汁等瓶装杯装饮料，新生代人群则喜欢更带有社交属性的奶茶。

通过近几年的数据统计，我们可以看到，天猫商城"双11"线上购购购的成交额逐年不断攀升，其中茶叶的消费额度和买家指数也在快速增长——这里面不仅是传统六大类茶，还包括花草、水果茶等代用茶、新茶饮，例如2018年大益销售额9000多万元，2019年为1.56亿元，2020年超过了2亿元。茶的总销售额，2017年为16亿元，2018年为18.7亿元。2020年天猫将近5000亿成交额中，茶大概占到百分之一（从报道相关信息的一家茶行业主流媒体得到的数据），也就是说，每一百块钱消费额里，有一块钱是买的茶。那其他900多元买的啥？小镇青年最爱的是，手机、休闲鞋、化妆品，还有各种吃的、穿的。

对于如何把握新零售的转型机遇，美银美林在相关报告中给出了两个关键点，数字化及采购与供应链。商家要洞察消费者需求，实现全方位数字化触达，即通过实体店、线上电商、O2O、社交、直播等，将消费群体吸引至商家；同时还要通过商品规划和供应链的设置，为消费者提供相关服务。

因此，传统茶企想要转型至新零售模式，在产品、渠道、终端，线上线下贯通，社交、直播手段方面，都需要进行全面的规划和具体的实施，譬如搭建数据化智能终端体验店，打造连通线上线下的会员数据系统。

在疫情期间，几乎见不到多少茶企茶商组织起有系统有效率的直播活动，反而到了疫情逐渐缓解后，线上直播讲座、茶会等开始一窝蜂扎堆儿，时效性大打折扣，错过了直播的最佳红利期。同时，我认为，直播如果只是把线下的形式内容照搬到线上，还是属于在小圈子里自娱自乐，很难产生购买行为。实体店的茶会、推广活动都已经同质化，形式和内容遇到了必须突破的瓶颈，如果直播还是走线下的套路，那么热闹、人气也是表面和一时的，屏幕前如果还是那些老面孔，不能实现拉新引流，大家光围观不下单，局面势必不会长久下去。

对于传统茶产品，直播还有一个难点所在，就是线上无法像在线下店面那样，让消费者看到实物的茶，并且端起杯子闻到茶香，喝到嘴里进行品评，消费者无法从色声香味触，从眼耳鼻舌到身心意识都获得全方位感受，因而较难产生购买行为。

买茶前一定要尝试先喝后买，这一直是传统茶行业绕不过去的一道体验环节。但是对于线上来说，茶的品类繁多，同质化现象严重，茶又多变缺乏稳定性，具体口感用语言难以准确描述，品质标准难以用数字量化，只是通过视觉听觉，很难达到线下实体店里摸得到、闻得到、喝得到、感受到、买得到的结果。所以，如何对着屏幕播放内容，让观者产生要去下单购买的欲望，是能否把线上做起来持续下去的关键所在。

同时，要注重线上线下有效结合，重新调整"人、货、场"的侧重和关系，疫情很大程度上改变了人们的生活方式、消费意识和购物方式，消费从线下转向线上的趋势愈发明显，茶行业不可能特立独行、置身事外，转型是顺时而变、潮流所趋。

传统茶生意不好做了，那么再熬个三五年后就会好转起来吗，不仅不会，很可能越来越难，因为大环境不会再回到从前了。过去，坐在店里不愁生意做，现在，迫切需要引流、转化、变现。传统零售时代消费者在千百家茶店中不容易找到你、记住你,线上电商、云喝茶、直播平台同样面临这个问题,而且难度会更大,因为碎片化、同质化和无效信息更多。

做线上会成为一种标配一种常态,主动也好被动也罢,越早去适应去学习越好。总不能老是待在舒适区里不想走出来,疫情期间茶行业是为数不多的被特别关照的行业,其中一个重要原因是涉及七八千万从业者的就业和行业的稳定,但这同时也让人感觉茶业像一个长不大不能独立的孩子。也是,过去几十年来茶叶几乎都是外销边销,茶企只管按指标生产、加工产品,根本不用操心卖货的事儿,市场化后又可以在各种舒适区偏安一隅。这种特别的关照,就像俗话说的,扶上马送一程,但是能走多远,还是要看驾驭者自己。

所以,万千家茶店茶铺,浩如烟海的茶品类、茶产品,就如同天空中朵朵白云,怎么让消费者抬头看上一眼,并且首先注意到的就是你?

5G时代,构建智慧、生态化的新零售平台

4G改变生活,5G改变社会。到了5G时代,茶将从人与人的互联,扩展到人与茶、茶与茶、人与茶与物的互联。

对于茶行业来说,真正的5G时代,不是单纯的消费者、产品核心以及销售端,而是大数据、大场景化和多维度应用,以及消费者个性化、场景化的消费体验。

譬如,进入5G时代的马连道,不应该再是彼此并不关联的一座座茶城、一家家店铺、一个个产品,而是应该成为一个智慧、生态化的新零售平台,上面有茶企茶商、茶城茶店、产品、资讯、消费者、物流、交通等,平台上的大数据,通过云端数据库,实现上传、下载、存储、分析、共享。

当消费人群进入这个平台，他们立刻会收到基于消费大数据的精准推送，并会引导消费动线。而茶商茶店则会实时获取目标消费者的相关数据，了解他们的喜好、口味、品饮习惯、消费标准，以及这次他们准备选购什么类别的茶产品、价位、数量等，同时清楚这种类别产品目前的库存量，其价格品质能否满足消费者需求等。

在5G时代，即使一个第一次来马连道买茶的人，无论是从线下店面还是从线上电商选购，即使他并不懂茶以前从没喝过茶，他也能轻车熟路般买到他最想要的那款茶，而且，平台会通过大数据分析，在他买茶的同时，为他推送相关的冲泡品饮方式，向他推荐茶艺表演或者看电影、吃饭等娱乐休闲项目，所以他会觉得马连道很懂得他想要什么，毫无违和感欣然而往。

觉得很科幻很遥不可及吗？不！那只能说你的意识太落伍了。因为，你的观念还停留在过去的2G时代，觉得自己就做个茶卖个茶，跟云端、大数据、万物互联、场景消费、新零售这些没有关系。

可是5G时代到来了，后疫情时代开始了，将开启中国茶行业零售新走向。在这场商业重构中，谁也无法置身其外，只能面对舒适区的将离场，唯有主动去迎接改变和挑战者，方能获得新的发展机遇与成长。